L'INDE EN SOLO

À ma mère, Jeanne Langlois, qui a fait son
premier voyage outre-mer à 71 ans

Vous avez p............nt, comme l'auteur Guy Lassonde,
les bons ingrédients pour voyager : santé, ouverture
d'esprit, curiosité, capacité d'adaptation, passion
des découvertes. Fort d'une vaste expérience de
séjours et de déplacements à l'étranger, dont
3 voyages en Inde, il privilégie les voyages
en solo favorisant la prise de CONTACT
avec les populations locales et leur
mode de vie.

VOTRE GUIDE ACCOMPAGNATEUR

VOS coordonnées

.... - ....

.... - ....

.... - ....

.... - ....

COMMENT FONCTIONNE VOTRE GUIDE ACCOMPAGNATEUR?

En seulement 2 pages, tout est là pour réaliser votre itinéraire de chaque JOUR...

A

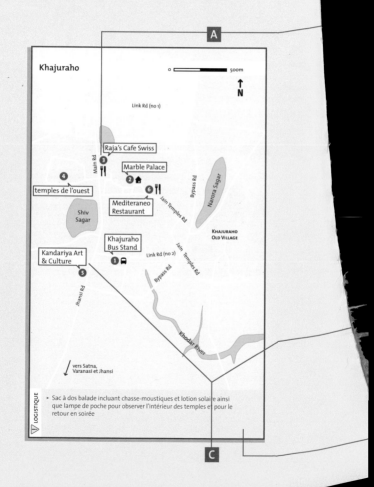

Khajuraho

0 ⸻ 500m

↑ N

Link Rd (no 1)

Main Rd

3 Raja's Cafe Swiss

2 Marble Palace 🏠

4 temples de l'ouest

6 Mediteraneo Restaurant 🍴

Jain Temples Rd

Bypass Rd

Narora Sagar

Shiv Sagar

KHAJURAHO OLD VILLAGE

1 Khajuraho Bus Stand 🚌

Link Rd (no 2)

Jain Temples Rd

5 Kandariya Art & Culture

Bypass Rd

Jhansi Rd

Khodar River

↓ vers Satna, Varanasi et Jhansi

LOGISTIQUE

▷ Sac à dos balade incluant chasse-moustiques et lotion solaire ainsi que lampe de poche pour observer l'intérieur des temples et pour le retour en soirée

C

A les activités suggérées et leur localisation ⬤ sur la carte

B les **Rs** prix cibles, fixes ou à négocier ▦ et ce, pour chaque activité

C les mots-clés vous permettent de demander votre chemin

D la logistique à prévoir (dans le rectangle jaune au bas de la carte) et dans le texte, des ▽ signifiant « à surveiller »

B

KHAJURAHO ET SES TEMPLES ÉROTIQUES	JOUR-7

PROGRAMME D'ACTIVITÉS   COÛT / 2 PERS.

En avant-midi : La campagne indienne et sa vie au quotidien

À l'arrivée à la gare 🚉 de Satna (hors carte), négocier un autorickshaw pour se rendre à la gare 🚌 (hors carte) pour Khajuraho ; ▽ départ à 9h00, durée 5 heures. Au passage dans les gares, arrêter un vendeur ambulant pour déguster un chai (thé avec lait et sucre, 4Rs) ; en cours de voyage, acheter des provisions et de l'eau. On traverse des campagnes, des villages et des hameaux de l'Inde profonde ; belles observations en perspective.   ▦25Rs — 160Rs   8Rs   100Rs

En après-midi : Les célèbres temples érotiques

1 À l'arrivée à la gare 🚌 de Khajuraho, prendre un autorickshaw jusqu'à...   ▦20Rs

2 l' 🏠 Marble Palace. ▽ Négocier ferme, sinon prendre un des hôtels de Jain Temples Rd juste en face. ▽ Réserver directement de l' 🏠 deux bicyclettes pour la journée du lendemain (▦ 25Rs/bicyclette). S'installer.   ▦400Rs

3 Se rendre à la terrasse du 🍴 Raja's Cafe Swiss qui offre un beau panorama sur les temples de l'ouest.   155Rs

4 Après le lunch, visiter ces surprenants temples aux sculptures érotiques raffinées. Lire les descriptions sur les plaques situées devant chaque édifice. Prévoir 2 heures 30 minutes avec pause rafraîchissante dans le jardin des temples.   500Rs   40Rs

En soirée : Danses folkloriques de diverses régions de l'Inde

5 Après rafraîchissement à l' 🏠 **2**, se rendre à 🚶 au Kandariya Art & Culture où les danseurs, musiciens et chanteurs donnent un spectacle folklorique très professionnel (19h00 à 20h00).   ▦20Rs   500Rs

6 Au sortir du spectacle, se rendre 🚶 au 🍴 Mediteraneo partager une pizza cuite au four à bois. Retour à l' 🏠 **2** ▽ en n'oubliant pas d'acheter l'eau et les provisions pour le petit déj. à la chambre. Repos bien mérité.   250Rs   60Rs

COÛTS TOTAUX DES ACTIVITÉS DU JOUR-7   **2238Rs**

43

D

QUELLE SORTE DE VOYAGE?
UN *contactvoyage*

DE RICHES EXPÉRIENCES DE CONTACT AVEC L'INDE ET LES INDIENS

contactvoyage Un voyage en solo où vous utiliserez les mêmes transports que la population indienne et fréquenterez les hôtels et les restaurants populaires des centres-villes, tout comme ceux des campagnes. Bref, vous serez en CONTACT avec l'Inde et avec les Indiens.

... avec un homme du désert du Thar

UN CARNET DE VOYAGE PARTAGÉ AU QUOTIDIEN AVEC L'AUTEUR

Chaque JOUR, l'auteur vous livre son carnet de voyage et vous invite à rédiger votre propre carnet de voyage.

AU PASSAGE, L'OBSERVATION DE COUTUMES INDIENNES

L'auteur vous convie à observer certaines coutumes indiennes au cours de votre voyage. En voici la liste :

CÔTÉ PRATIQUE :
L'INDE CE N'EST PAS SORCIER !

L'Inde c'est tellement différent ? Guy, votre GUIDE ACCOMPAGNATEUR vous pilote chaque JOUR. Consultez la rubrique « Itinéraire du voyage» pour chacun des 28 jours, plus possibilité de 6 jours de prolongation
● Rs
💬 ▽
P.16

Question d'argent en Inde ? Combien en coûte-t-il par JOUR ? Comment négocier ? Comment faire face à la sollicitation et à la mendicité ? Consultez la rubrique « À moins cher que de rester chez soi »
Rs
P.6

Que faut-il apporter en Inde ? Consultez la rubrique « Préparatifs »
P.8

Louer une chambre sans réservation ? Ouf ! ...Installation, fermeture de la chambre et petit déj. Consultez la rubrique « Hôtel-point de chute »
P.10

Voyager en train ou en bus avec la population indienne ? C'est formidable mais ça doit être tout un défi... Consultez la rubrique « Comment voyager en bus ou en train ? »
P.12

Question santé et salubrité en Inde ? ... Consultez la rubrique : « Réflexes santé au quotidien »
P.13

Question sécurité en Inde ? ... Consultez la rubrique : « Réflexes sécurité au quotidien »
P.14

À MOINS CHER QUE DE RESTER CHEZ SOI... Rs

Les coûts que mentionne votre GUIDE ACCOMPAGNATEUR sont basés sur les frais réels que l'auteur a payé au moment de son voyage en Inde.

Les coûts totaux de son voyage comprenant...
▸ tous les transports sauf le billet d'avion aller-retour Inde
▸ tous les restaurants, boissons et épicerie
▸ tous les billets d'entrées (sites, musées, etc...)
▸ aucun achat de cadeau ou souvenir

ont été de 55 952 Rs (roupies) pour deux personnes pour 32 jours de voyage en Inde

soit 874 Rs par personne/jour
équivalant à 22 $CAN ou US et 15 € selon le taux de change
au moment du voyage à savoir, 1 $CAN ou US = 40Rs et 1€ = 60Rs

....

Pour l'auteur, votre GUIDE ACCOMPAGNATEUR, il lui en a coûté moins cher de voyager en Inde que de rester chez soi.

....

Les coûts indiqués pour chaque activité, visent à vous fournir une référence budgétaire pour les prix cibles à atteindre dans les négociations. Le picto 🖩 apparaît chaque fois qu'un prix (coût) est négociable.

Enfin, notre pratique budgétaire était :
▸ de toujours payer comptant ; avec un reçu pour toute somme importante
▸ d'utiliser uniquement les ATM (conserver les reçus comme preuves de change) et garder les cartes de crédit et argent $US pour le dépannage
▸ de verser un pourboire d'environ 10% au resto (minimum 5Rs) et de 10Rs au personnel portant les bagages ou apportant serviettes, draps et taies d'oreillers propres à l'hôtel
▸ de ne pas verser de pourboire aux chauffeurs de taxis ou rickshaws à moins de courtoisie ou d'aide particulière pour les bagages

COMMENT NÉGOCIER ?

L'Inde vous fera mesurer votre patience lors des négociations avec les chauffeurs de taxis ou de rickshaws. Utiliser les PRIX CIBLES fournis dans ce guide et essayer de toujours garder le sourire. Le prix des chambres d'hôtel est parfois négociable, selon la saison touristique et le nombre de nuitées. En général, les marchands demandent aux touristes plus du double du prix demandé à un Indien. On connaît le véritable prix uniquement en feignant de refuser d'acheter et en quittant les lieux ; le marchand offrira alors son dernier prix...

COMMENT FAIRE FACE À LA SOLLICITATION ET À LA MENDICITÉ OMNIPRÉSENTES EN INDE?

En Inde, les touristes sont sollicités constamment. Notre politique a été DE NE PAS RÉPONDRE aux « Hello », « Excuse me », « School pen », « Roupies », « Looking is free », etc., en provenance des chauffeurs de taxis ou de rickshaws, vendeurs itinérants, commerçants, « prêtres », « mendiants » ou enfants. Cette pratique peut au début, paraître difficile, impolie, voire insensible sinon méprisante. Toutefois, après quelques jours où il faut non seulement répondre « No, thank you » aux cinq minutes (et ce n'est pas exagéré), mais aussi se justifier (Why ?) et répéter « No », on constate le temps et l'énergie énormes gaspillés, de quoi gâcher son voyage. Oui, des enfants et des adultes qui demandent la charité ont véritablement faim; notre pratique était de NE PAS DONNER D'ARGENT, mais d'offrir fruits, biscuits ou autres que l'on transportait dans le sac à dos ou de leur acheter de la nourriture sur place. Les « faux » mendiants refusent la nourriture.

PRÉPARATIFS

Billets d'avion: les acheter avec arrivée à Delhi au JOUR-2 et retour de Delhi le JOUR-26 en tenant compte des jours de prolongation que vous décidez de prendre.

Quand aller en Inde? Pour l'itinéraire proposé dans ce guide, entre novembre et mars.

Réservation d'hôtel: voir logistique JOUR-2 P.24

Que faut-il apporter? Voici ce que votre guide accompagnateur a apporté pour deux personnes....

Sans faute; à porter sur soi (voir P.14 et P.15)

1. Passeport valide pour plus de 6 mois à l'entrée en Inde
2. Visa pour l'Inde
3. Une réserve de 10 billets de 50 $US
4. 2 cartes-guichet ATM (en cas de démagnétisation)
5. 2 jeux de clés pour les valises, sacs à dos et chaîne à bagage

---

A- 2 valises avec roues et bandoulière pour la soute à bagages (P.22)

Médicaments et soins personnels

- Médicaments non prescrits pour : yeux, gorge, nausées, diarrhée
- Bouteille d'alcool, pansements, etc.
- Médicaments prescrits; en faire la liste (voir P.156)
- Trousse de toilette : rasage, shampoing, savon, pâte et brosses à dents
- 2 serviettes, 2 gants de toilette, 2 paires de sandales (babouches)
- Produits de beauté

Vêtements

- Sous-vêtements, pyjama, chaussettes, T-shirts, chemises et chemisiers à manches courtes, 2 pantalons longs (cargo) avec poches intérieures anti-pickpocket (voir P.14), jupe, robe
- Maillots de bain, paréo pouvant servir de serviette

Autres

- Savon, poudre à lavage, bouchon universel pour évier ou bain, gants de caoutchouc, désinfectant de salle de bain, réserve antiseptique liquide pour les mains (voir P.11)
- Sac pour excédent de bagages, nécessaire à couture, mini ciseaux
- Raquette électrocutant les moustiques
- 2 photocopies des passeports, des visas et des carnets de santé
- 2 imperméables (en vinyle transparent dans une pochette), corde et épingles à linge et 2 draps d'auberge
- Filet anti-moustiques et détecteur de fumée (voir P.11)

Appareils électriques (220 volts)
- Diffuseur anti-moustiques et réserve de rechange; achetable sur place (voir P.11)
- Bouilloire (achetable sur place), transformateur universel et trousse d'adaptateurs, chargeur et piles rechargeables (voir P.11)

Pour le petit déj. dans la chambre
- Nappe, café instantané ou thé, lait (type coffee mate), sucre, 2 assiettes en plastique, 1 couteau « Suisse » avec ouvre-bouteille et tire-bouchon, 2 tasses thermos (voir P.11)

B- un sac à dos pour les transports (voir photo P.22)
   (à garder avec soi dans l'avion, le train et l'autobus)

- Pochette pour documents importants de voyage : 1 photocopie des passeports, des visas, des carnets de santé et de la liste des noms génériques des médicaments, carte géographique du pays, des CD de musique, de disques compacts inscriptibles, clefs USB ou iPod
- 2 foulards, 1 chemise à manche longue (lui), 2 gilets ou pull pour air climatisé (elle-lui), 2 vestes coupe-vent imperméables
- 2 oreillers gonflables s'enroulant autour du cou, 2 masques de nuit et chaussettes en pochette et 2 paires de boules Quiès
- 1 réveille-matin numérique, 1 lampe frontale, 1 calculette, 1 grande chaîne et cadenas pour attacher les valises à la consigne ou dans le train
- Trousse personnelle de médicaments prescrits (à prendre quotidiennement) ou usuels (ex.: Tylénol, vitamines C, oméga 3, multi vitamines)
- Petite trousse à premiers soins
- Carnet d'adresses (voir P.153) et stylos

C- un sac à dos pour les balades et la visite de sites (voir photo P.22)

- Eau en bouteille (2 X ½ litre), antiseptique liquide pour les mains
- Appareil photo, piles, jumelles, 2ᵉ lampe frontale, boussole
- Petit dictionnaire anglais-français
- Guide de communication universel; voir la rubrique «Des mêmes auteurs» à la page intérieure de la couverture
- Votre GUIDE ACCOMPAGNATEUR, copie des passeports, des visas et des carnets de santé
- Verres solaires, crème solaire, chasse-moustiques, 2 chapeaux ou casquettes
- 1 mini parapluie, 1 rouleau de papier toilette et papier mouchoir
- Pour les petits creux : nourriture sèche (de type noix, cajous, chocolat, biscuits, croustilles), bananes, oranges et jus en boîte
- *ATTENTION plus on en met, plus c'est lourd pour visiter*

HÔTEL—POINT DE CHUTE 🏠

Votre GUIDE ACCOMPAGNATEUR proposera pour chaque ville étape un « hôtel-point de chute » avec coordonnées indiquées dans la rubrique logistique.

Sans réservation : votre GUIDE ACCOMPAGNATEUR suggère, pour des raisons d'économie (moins cher sans réservation) et de liberté de choix, de ne faire aucune réservation sauf quand, prudence oblige, l'arrivée est tardive (ce qui est normalement le cas pour l'arrivée à Delhi le JOUR-2).

Dans les centres-villes ou villages : l'hôtel proposé est complet ou ne convient pas, on en trouve facilement un autre dans le voisinage.

Demander de voir la chambre avant de louer : nous avons huit « règles d'or » pour vérifier et choisir une chambre... cela vaut peut-être pour vous :

1. **Pas de moquette (danger de parasites)**
2. **Matelas confortable**
3. **Ventilateur, air climatisé ou chauffage (selon la saison) fonctionnel**
4. **Avec fenêtre sécuritaire**
5. **Prises électriques fonctionnelles**
6. **Eau chaude; demander l'horaire de disponibilité**
7. **Toilette « western » et non « à la turque »**
8. **Table et chaises pour le petit déj.**

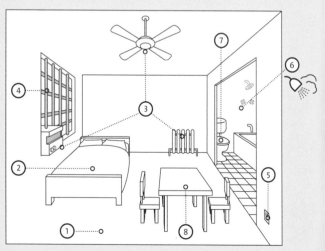

Installation à l'hôtel **pour confort, salubrité et sécurité.**
- ▸ Avant de payer, s'assurer d'avoir serviettes et literie propres et, en cas de froid, une couverture de laine ; demander, au besoin, de nettoyer « à nouveau » la chambre. Certains voyageurs préfèrent désinfecter eux-mêmes la salle de bain.
- ▸ Demander toujours un reçu, l'heure de départ (check out) et faire monter les bagages.
- ▸ S'informer des services offerts par l'hôtel (ex.: consigne) ou dans le voisinage (ex.: ATM, internet, etc.).
- ▸ Brancher le chargeur de piles et le diffuseur anti-moustiques.
- ▸ Enfin et surtout, placer au plus haut point possible le détecteur de fumée et repérer la sortie d'urgence.

Fermer la chambre, **facile mais bien le faire.**
- ▸ Demander de descendre les bagages et éventuellement les laisser à la consigne pour se permettre de visiter avant de quitter la ville.
- ▸ Remettre la clef et régler tout solde impayé en demandant un reçu.

Petit déj. à la chambre, **une agréable idée.**
- ▸ Un café ou un thé au réveil, des fruits et du pain achetés la veille, c'est souvent bien pratique et toujours agréable.

... kit du petit déj.   ... le petit déj. à la chambre

COMMENT VOYAGER EN BUS OU EN TRAIN?

Les bus publics, souvent brinquebalants, et les bus privés plus confortables, sont un très bon moyen d'entrer en CONTACT avec la population locale. Les bus publics se prennent dans les gares routières, généralement sans réservations ni places assignées; arriver tôt pour tenter d'avoir une place avec vue; attention : le siège à côté de la porte est généralement réservé au contrôleur. Les billets s'achètent dans le bus. Le guichet « Enquiry » fournit les informations concernant les horaires et les « platforms » de départ des bus. Lorsqu'on est pressé, on se rend sur une « platform » et on annonce (crie) sa ville de destination; tous s'empressent de pointer le bus à prendre.

Les bus privés, incontournables pour des trajets de nuit avec couchettes, se réservent dans des agences de voyage moyennant des frais de 50Rs/billet. Essayer d'avoir une couchette au centre du bus; loin du klaxon et plus stable. L'agence indique le lieu de départ du bus. Pour chaque déplacement prévu dans ce voyage, votre GUIDE ACCOMPAGNATEUR vous donnera ces détails.

Le train constitue un moyen de transport idéal pour prendre CONTACT avec la population indienne de classe moyenne. Les billets peuvent s'acheter à l'avance en complétant un formulaire de réservation disponible aux guichets spéciaux pour touristes ; se munir de son passeport et éventuellement d'argent américain ou de preuves de change. La publication « Trains at a glance » (35Rs; voir JOUR-3 P.29) contient les informations pour tous les parcours du pays. Il existe quatre classes de billets : 1A, 2A, 3A et Sleeper. Pour les trains de nuit, votre GUIDE ACCOMPAGNATEUR recommande de réserver la classe 3A; si non disponible, prendre 2A. Un rabais s'applique pour les 60 ans et plus. La classe Sleeper peut convenir pour un train de jour. Votre GUIDE ACCOMPAGNATEUR vous indiquera quand acheter vos billets et vous fournira tous les détails du billet à acheter.

RÉFLEXES SANTÉ AU QUOTIDIEN ⚕

Partez en santé et avec une assurance voyage adéquate. Consultez une clinique voyage où on vous indiquera les vaccins nécessaires. De plus et surtout consultez votre médecin; il vous fournira les ordonnances et le nom générique des médicaments à apporter en quantité suffisante. Établissez en page 156 la liste de ces médicaments.

Ma façon de faire ... et cela vaut peut-être pour vous :

- ► Au jour le jour : se rappeler que la santé est dans ce que l'on boit et dans ce que l'on mange.
- ► Toujours se laver les mains avec un savon antiseptique avant de prendre un repas... et même pour avaler une simple croustille.
- ► Ne jamais boire l'eau du robinet; y compris en glaçon. Ne jamais boire un breuvage décapsulé hors de votre vue. N'utiliser que de l'eau en bouteille scellée; même pour se brosser les dents. Toujours garder une provision adéquate d'eau embouteillée.
- ► Manger les succulents mets locaux toujours fraîchement bien cuits ; choisir les kiosques ou restaurants les plus achalandés et même, demander que ces mets soient préparés sous nos yeux quand on mange sur la rue.
- ► Se reposer : le système immunitaire ne s'en portera que mieux.
- ► Protéger sa peau avec un écran solaire (30 FSP), porter un chapeau voire un parapluie servant de parasol.
- ► Se prémunir des piqûres de moustiques (surtout au lever et au coucher du soleil) en portant des vêtements longs et en utilisant un chasse-moustiques. À l'hôtel, brancher un diffuseur anti-moustiques dans la chambre, utiliser la raquette électrocutante à l'arrière des rideaux où se logent les moustiques. Et, à la campagne, installer le filet pré-imprégné d'insecticide apporté dans les bagages.

RÉFLEXES SÉCURITÉ AU QUOTIDIEN

L'Inde est, en général, une destination sécuritaire;
y compris pour les femmes voyageant seules.
Mais, la prudence est toujours de mise.

Ma façon de faire ... et cela vaut peut-être pour vous :

- Au jour le jour : dire non au marché noir ou à toute offre non
  officielle; voir «Les arnaques au quotidien» page suivante.
- Porter sur soi en poche avant (pas dans un sac en bandoulière
  ni dans un sac à dos) l'argent comptant (pas de porte-mon-
  naie) sans mélanger les petites et grosses coupures de façon
  à ne pas sortir trop d'argent pour régler une petite somme.
  Payer tout comptant. Pour les montants importants (ex.: frais
  d'hôtel) demander un reçu.
- Garder à portée de main une photocopie des passeports et
  des visas ainsi qu'une carte d'affaires de l'hôtel indiquant
  l'adresse et le numéro de téléphone.
- Porter sur soi dans une poche intérieure de pantalon ou dans
  une ceinture pochette camouflée sous la chemise, passeports (ne
  jamais s'en séparer), cartes de crédit, cartes débit (aller au ATM de
  préférence de jour), chèques de voyage ou gros billets $US/€.

- Dans la chambre ne laisser rien de valeur et verrouiller porte
  et bagages. Placer, le plus haut possible, le détecteur de fumée
  apporté dans les bagages et repérer la sortie de secours.
- Ne conduire ni moto ni voiture; au besoin, louer une voiture
  mais avec chauffeur. Et prudence quand on se déplace à vélo.

LES ARNAQUES AU QUOTIDIEN

Les petites arnaques sont courantes en Inde. Les chauffeurs de rickshaws ou de taxis sont les premières personnes dont il faut se méfier. En plus de toujours vous demander le double ou le triple du prix régulier, ils peuvent aussi bien vous dire : que l'hôtel que vous leur avez indiqué est fermé car ils ont une meilleure commission dans un autre établissement, qu'il n'y a plus de bus pour la destination désirée et qu'ils peuvent vous y amener. Ils essaieront toujours de vous amener dans une boutique qui leur versera une commission... que VOUS devrez payer à même vos achats.

Vous verrez des « tourist information centers » qui, malgré leur apparence tout à fait officielle (gouvernementale), offrent simplement des « tours » privés. On essaiera de vous amener dans des établissements privés pour vous vendre un service (par exemple : titres de transport) public en y ajoutant une commission. Dans les agences de voyage, vous devrez payer d'avance un billet de train pour lequel vous pourriez être le vingtième sur la liste d'attente... sans qu'on vous en informe.

Suggestions pour contrer quelques arnaques :

▸ Billet de train : sauf exception, toujours acheter ses billets de train directement à la gare et non dans une agence ; voir « Comment voyager en bus ou en train ? », P.12
▸ Bus : pour les informations, se fier uniquement au « Enquiry Counter » ou aux contrôleurs circulant sur les quais, généralement habillés de kaki. Les billets s'achètent habituellement dans les bus. NE JAMAIS accepter les services d'un revendeur.
▸ Hôtel : toujours mentionner au chauffeur de rickshaw ou de taxi que votre hôtel (hôtel-point de chute) est « déjà réservé » et qu'on en n'est pas à notre premier voyage en Inde : un petit mensonge pour dire qu'on est des « habitués ». Mal pris, demander à un des revendeurs (« touts ») une chambre en indiquant votre budget et vos critères ; par exemple : salle de bain à l'intérieur de la chambre.
▸ Forfaits-excursions : s'informer à plus d'une agence de voyage du prix et du contenu de l'excursion désirée.
▸ Achats : toujours payer comptant pour éviter les fraudes sur les cartes de crédit ; demander un reçu pour toute somme importante. Pour les produits courants (savon, eau, croustilles, etc.), vérifier si le prix maximal imprimé sur le produit est respecté.

N

DÉPART
JOUR-1

RISHIKESH (HARIDWAR)
JOUR-25+
JOUR-25++
JOUR-25+++

RETOUR
JOUR-26

DELHI
JOUR-2
JOUR-3
JOUR-4

JAISALMER
JOUR-20
JOUR-21
JOUR-22

BIKANER
JOUR-23
JOUR-24
JOUR-25

AMBER
JAIPUR
JOUR-13
JOUR-14

AGRA
JOUR-11
JOUR-12

JODHPUR
JOUR-19

PUSHKAR (AJMER)
JOUR-15
JOUR-15+

VARANASI
JOUR-5
JOUR-6

RANAKPUR
JOUR-18

ORCHHA (JHANSI)
JOUR-9
JOUR-10
JOUR-10+

KHAJURAHO
JOUR-7
JOUR-8

UDAIPUR
JOUR-16
JOUR-17
JOUR-17+

MUMBAI

INDE

Itinéraire du voyage

Itinéraire du voyage

Itinéraire du voyage

+Jour de prolongation à planifier

Itinéraire du voyage

+ *Jour de prolongation à planifier*

DÉBUT DU VOYAGE

QUELQUES EXPÉRIENCES

... avec les valises et sacs à dos

... notre quartier de résidence à Delhi

CARNET DE VOYAGE DE L'AUTEUR

Ce géant mystérieux, l'Inde

Enfin, le grand jour est arrivé ! Direction l'Inde... Un long voyage (du Québec en passant par l'Europe, c'est près de 20 heures avec les correspondances) qui s'est bien déroulé. Avec un bon livre traitant de l'Inde, les bons services du transporteur aérien, les exercices d'assouplissement et un peu de dodo, on arrivera presque frais et dispo.

COUTUMES INDIENNES – « Incredible India »

Voilà le « slogan » de la campagne publicitaire visant à attirer les touristes en Inde. A nos yeux d'occidentaux, l'Inde paraît à la fois FASCINANTE par la richesse de son patrimoine et la débrouillardise de sa population mais DÉCONCERTANTE par sa structure sociale (castes) et la pauvreté de sa population. Ce « presque continent » nous semble fonctionner avec une logique étrange, souvent incompréhensible et à l'occasion, insupportable sinon révoltante.

VOTRE CARNET DE VOYAGE

Paharganj

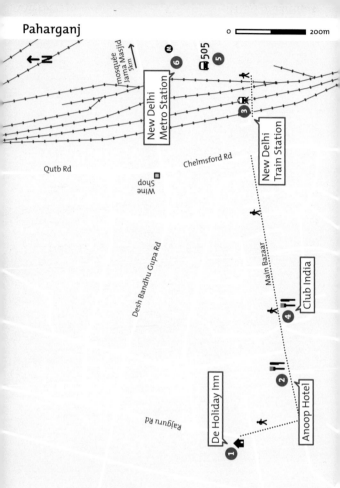

0 ▭▭▭▭▭ 200m

← N

mosquée
Jama Masjid
5km

M

6

505

5

New Delhi
Metro Station

3

New Delhi
Train Station

Qutb Rd

Chelmsford Rd

Wine
Shop

Desh Bandhu Gupa Rd

Main Bazaar

Club India

4

2

De Holiday Inn

Rajguru Rd

Anoop Hotel

1

LOGISTIQUE

▸ Réservation de l'hôtel De Holiday Inn avant le départ si l'arrivée
prévue à Delhi est tardive : www.hoteldeholidayinn.com,
deholidayinn@hotmail.com ; aucun dépôt requis, préciser
l'heure d'arrivée

PROGRAMME D'ACTIVITÉS

COÛT /
2 PERS.

En soirée : De l'aéroport au quartier Paharganj en taxi HM

Après la rencontre avec l'agent de douane, aller récupérer les bagages. ⚠ Pendant que l'un attend les bagages, l'autre se rend au bureau de change (Sug. : changer 200$US).

Au sortir de l'aéroport, ⚠ pas avant, se diriger au guichet « pre-paid taxi » acheter un « receipt » pour se rendre au quartier Paharganj. ⚠ Remettre le reçu au chauffeur seulement à l'arrivée à l'hôtel. Choisir une voiture modèle britannique HM noire et jaune (voir photo page suivante). Toute une expérience ! 250Rs

En route, montrer l'adresse de l'🏠 : Hotel De Holiday Inn (voir ❶ carte de gauche), 2218, Rajguru Road, Chuna Mandi, Paharganj, New Delhi. Pourboire au chauffeur non requis ; insister pour se faire conduire à la porte de l'hôtel. Négocier le prix de l'🏠 pour deux nuits. 1200Rs

On se trouve dans un quartier animé de routards. Si l'on n'arrive pas trop tard, parcourir la « Main Bazaar ». Achat d'eau et de provisions pour le petit déj. puis retour à l'🏠. Repos bien mérité pour récupérer du décalage horaire. 105Rs

COÛTS TOTAUX DES ACTIVITÉS DU JOUR-2 **1555Rs**

QUELQUES EXPÉRIENCES

... expérimenter un taxi HM

... première rencontre avec une vache sacrée

CARNET DE VOYAGE DE L'AUTEUR

Premier contact avec l'Inde

Dans l'avion déjà, nous nous sommes familiarisés avec la nourriture indienne, excellente par ailleurs. Nous avons eu peu de temps pour la visite de Delhi aujourd'hui, mais c'est effervescent et ça ressemble aux clichés qu'on en connaît avec les autorickshaws et les vaches sacrées. Les vêtements, les couleurs, les odeurs, tout est différent de ce qu'on voit à la maison. Dépaysement total ! Après tout, c'est pour ça qu'on voyage !

COUTUMES INDIENNES – Oui ou non?

Pour les Indiens, balancer la tête de gauche à droite ne veut pas nécessairement dire NON. Cela peut vouloir dire JE NE SAIS PAS, OUI, PEUT-ÊTRE... Si l'interlocuteur lève la tête puis l'oscille vers la gauche ? Que voilà un OUI enthousiaste ! C'est là un élément important dans les négociations de tous les jours; voir «Comment négocier» P.7

VOTRE CARNET DE VOYAGE

Old Delhi

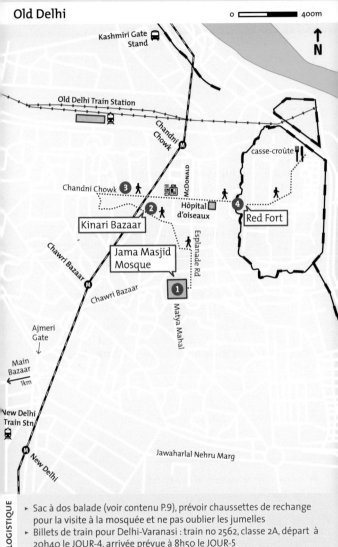

0 ⊏▭▭▬▬▬ 400m

N ↑

Kashmiri Gate Stand

Old Delhi Train Station

Chandni Chowk

McDONALD

casse-croûte

Chandni Chowk ③

Kinari Bazaar ②

Hôpital d'oiseaux

④ Red Fort

Jama Masjid Mosque ①

Chawri Bazaar

Esplanade Rd

Chawri Bazaar

Ajmeri Gate

Matya Mahal

Main Bazaar 1km ←

New Delhi Train Stn

New Delhi

Jawaharlal Nehru Marg

LOGISTIQUE

▸ Sac à dos balade (voir contenu P.9), prévoir chaussettes de rechange pour la visite à la mosquée et ne pas oublier les jumelles
▸ Billets de train pour Delhi-Varanasi : train no 2562, classe 2A, départ à 20h40 le JOUR-4, arrivée prévue à 8h50 le JOUR-5
▸ Prévoir passer au ATM (Sug. : 15 000Rs)

PROGRAMME D'ACTIVITÉS   COÛT /
                                                         2 PERS.

En avant-midi : Balade en cyclo-pousse jusqu'à Jama Masjid

Après une grasse matinée bien méritée, régler la prochaine   1200Rs
nuit à l' 🏠 (voir ❶ carte JOUR-2). En passant par Rajguru
Rd puis Main Bazaar, se rendre 🚶 à l'International Tourist
Bureau ⚠️ situé au 2e étage du hall principal de la gare 🚆
New Delhi Train Station (voir ❸ carte JOUR-2) pour acheter   1957Rs
les billets pour Varanasi (voir logistique). Par la même occasion, acheter le livre « Trains at a glance » pour déplace-   35Rs
ments futurs (voir P.12 « Comment voyager en bus ou en
train ? »). Au sortir de la gare 🚆, retourner au Main Bazaar
pour négocier un cyclo-pousse 🚲 pour se rendre...   🧮 40Rs

❶ à la plus grande mosquée de l'Inde, Jama Masjid. Sur le
    parcours, un défilé hallucinant de passants et de véhi-
    cules hétéroclites. ⚠️ Enlever ses souliers (à emporter
    avec soi) à l'entrée de la mosquée ; entrée gratuite, ⚠️
    « camera ticket » obligatoire.   200Rs

❷ Sortir par la porte Est, prendre Esplanade Rd puis se
    rendre 🚶 jusqu'à Kinari Bazaar. Le parcourir 🚶 jusqu'à...

❸ Chandni Chowk où se trouvent quelques ATM (Sug. :
    15 000Rs) et un McDonald's (à visiter) sans boeuf. Le
    BigMac y est remplacé par un Chicken Maharaja Mac!
    Poursuivre 🚶 jusqu'au...

En après-midi : Le Red Fort et ses murs en grès rouge

❹ Red Fort. Payer le droit d'entrée puis se diriger directe-   200Rs
    ment au casse-croûte pour le lunch. Visiter le fort et   110Rs
    au passage, lire les descriptions sur les plaques situées
    devant chaque édifice (prévoir 3 heures). Au sortir,
    négocier le retour à l' 🏠 (voir ❶ carte JOUR-2) en 🚲.   🧮 40Rs

En soirée : Dîner au toit-terrasse du Club India

Après rafraîchissement, poursuivre 🚶 au 🍴 Club India   200Rs
(voir ❹ carte JOUR-2). ⚠️ Arriver pour le coucher de soleil
et observer les oiseaux de proie nichant sur les toits. Balade
sur Main Bazaar ; acheter les victuailles et l'eau pour le   100Rs
lendemain.

                    COÛTS TOTAUX DES ACTIVITÉS DU JOUR-3   **4082Rs**

QUELQUES EXPÉRIENCES

... dans la circulation hétéroclite de Old Delhi

... enlever ses souliers à la mosquée Jama Masjid

CARNET DE VOYAGE DE L'AUTEUR

Premier choc culturel : la circulation

En plus des véhicules habituels, on partage la route avec des cyclo-pousses, des autorickshaws, des charrettes tirées par des hommes, des boeufs ou des ânes. Sur des routes à deux voies, ça roule allègrement quatre de large. Et ça se coupe, et ça klaxonne pour demander le passage ! Le concept de pollution sonore ne s'est pas rendu jusqu'ici. Tout ça sous le regard impassible des vaches qui déambulent paisiblement. Douze millions de personnes habitent Delhi, ça se voit et à l'occasion, ça se sent...

COUTUMES INDIENNES – Des oiseaux et des singes

En pleine ville, comme à Delhi, la population cohabite avec des oiseaux de proie et des singes. Il est recommandé de ne pas nourrir les singes ni même de les approcher; prudence sanitaire oblige.

VOTRE CARNET DE VOYAGE

Centre de Delhi

0 ⟞━━━━━⟝ 500m

5 Ⓜ Central Secretariat Metro

4 500m
Rashtrapati Bhavan
(President House)

Rajpath

vers Paharganh et l' 🏠 2km

N

NATIONAL STADIUM

INDIA GATE

Akbar Rd

Shahjahan Rd

Dr Zahir Hussain Marg

DELHI GOLF COURSE & CLUB

Prithiviraj Rd

Humayun's Tomb

3 500m →

Safdarjang's Tomb

2

LODI GARDEN

Lodi Rd

Lodi Rd

Autobindo Marg

Qutb Minar

1

6km ↓

LOGISTIQUE ▽

► Sac à dos balade (voir contenu P.9) ; ne pas oublier les jumelles
► Prévoir les provisions et les boires pour un pique-nique au Qutb Minar ; pas de resto sur place

PROGRAMME D'ACTIVITÉS

COÛT /
2 PERS.

En avant-midi : La tour imposante du Qutb Minar

Fermer la chambre (voir P.11) puis mettre les bagages à la consigne de l'🏠. Se rendre 🚶 à la gare 🚉 New Delhi Train Station (voir ❸ carte JOUR-2). Acheter un « platform ticket » pour traverser la passerelle surplombant les voies ferrées.	7Rs
Aller prendre le 🚌 no 505 (voir ❺ carte JOUR-2) pour aller au...	16Rs
❶ Qutb Minar (prévoir 2 heures). Payer les droits d'entrée. ▽ Pique-niquer sur place.	500Rs

En après-midi : Les 2 ancêtres du Taj Mahal

❷ Reprendre le bus no 505 en sens inverse jusqu'à Safdarjang's Tomb, (prévoir 30 minutes). Au sortir, négocier un autorickshaw jusqu'à...	16Rs 200Rs 🖩50Rs
❸ Humayun's Tomb (prévoir 1 heure 30 min). Au sortir, négocier un autorickshaw pour se rendre à...	500Rs 🖩100Rs
❹ Rashtrapati Bhavan (President House) en longeant le Rajpath où sont situés les différents ministères ; au besoin, demander au chauffeur de s'arrêter pour prendre des photos, puis revenir...	
❺ à la station de métro Central Secretariat. Expérimenter le métro tout neuf jusqu'à la station New Delhi (voir ❻ carte JOUR-2). Acheter à nouveau un « platform ticket » puis traverser les voies ferrées vers Main Bazaar puis se rendre à l'🏠 (voir ❶ carte JOUR-2).	20Rs 7Rs

En soirée : Dîner sur un toit-terrasse sympathique

Se rendre au 🍴 de l'hôtel Anoop (voir ❷ carte JOUR-2). Acheter des provisions et de l'eau pour le voyage en 🚉. Récupérer les bagages puis prendre un 🛺 jusqu'à la gare 🚉 (voir ❸ carte JOUR-2). Prendre un coulis (porteur) pour transporter les bagages jusqu'à la « platform » connue par le coulis. S'installer dans le train pour la nuit. En route vers Varanasi, la sainte!	200Rs 100Rs 🖩20Rs 🖩50Rs

COÛTS TOTAUX DES ACTIVITÉS DU JOUR-4 **1786Rs**

QUELQUES EXPÉRIENCES

... chauffeurs de cyclo-pousse au repos

... en allant prendre le train avec le coulis

CARNET DE VOYAGE DE L'AUTEUR

Un pays plein de contrastes

Dans un pays aussi pauvre, d'anciennes civilisations ont laissé des bâtiments d'une richesse inouïe. Alors qu'on remonte le temps dans Old Delhi, New Delhi ressemble à n'importe quelle grande capitale avec son métro tout neuf et ses grands boulevards. Ces deux parties de la ville sont à des siècles l'une de l'autre.

COUTUMES INDIENNES – Le niveau de décibels

Tous, mais tous les véhicules moteur klaxonnent : pour annoncer leur présence, pour demander le chemin (même si la circulation est bloquée), pour solliciter des passagers dans le cas des bus et des autorick-shaws... À l'arrière des véhicules, c'est même écrit « HORN PLEASE ». Sans klaxon ce n'est pas l'Inde !

VOTRE CARNET DE VOYAGE

Varanasi

0 ⟍▭▭▭⟍ 1km

N ↑

① 🚊
Varanasi Junction

Station Rd

Kabir Chaura Rd

Daranagar Rd

Chaitganj Rd

Auangabad Rd

Gai Ghat ●

Panchganga Ghat ●

Ram Ghat ●
Scindhia Ghat ●

Puja Guest House
③ 🏠
Manikarmika Ghat ●
④

Lalita Ghat ●

Luxa Rd

②
Main Ghat Rd
Meer Ghat ●

⑤ Main Ghat ●

Rana Ghat ●
Ahalya Bai's Ghat ●
Mandapur Rd
Munshi Ghat ●
Someswar Ghat ●
Mansarowar Ghat ●
Kedar Ghat ●

Harishchandra Ghat ●

Hanuman Ghat ●

Dandi Ghat ●

Durgakund Rd
Shivala Ghat ●

Anandmayee Ghat ●

Bachraj Ghat ●

Sonarpur Rd
Tulsi Ghat ●

Assi Ghat ● ④

Ganga River

Nagwa Ghat ●

▽ LOGISTIQUE

▸ Puja Guest House, Lalita Ghat, Varanasi, tél.: 91 542 2404276
▸ Billets de train Varanasi-Satna : train no 1062-1066, classe 3A,
  départ à 23h15 le JOUR-6, arrivée à 6h15 le JOUR-7
▸ Sac à dos balade incluant jumelles, parapluie servant de parasol
  et lotion solaire
▸ En soirée prévoir lampe de poche et chasse-moustiques

PROGRAMME D'ACTIVITÉS

COÛT /
2 PERS.

En avant-midi : Arrivée à la ville sainte

1 Arrivée à la gare 🚉 Varanasi Junction. Dans le hall d'entrée se trouve le Foreign Tourist Assistance Bureau où l'on achète les billets pour Satna (voir logistique).

1200Rs

2 Négocier un autorickshaw pour se rendre au Main Ghat Rd (Dasaswamedh Ghat Rd) en arrêtant en route à un ATM acceptant sa carte bancaire (Sug. : 15 000Rs).

40Rs

3 Demander à un coulis de porter les bagages (pour ne pas les salir) au Puja Guest House. Installation dans la chambre puis lunch à la terrasse de l'🏠. Réserver un massage professionnel avec Asuk aux mains magiques pour le lendemain matin après le petit déj. : 500Rs pour deux massages consécutifs de 45 minutes.

20Rs
450Rs
200Rs

En après-midi : Promenade sur le Gange

4 Descendre au Lalita Ghat adjacent à l'🏠 **3** puis négocier une barque (50Rs/h). Prévoir 1 heure 30 minutes pour voir les ghats qui sont situés entre les ghats de crémation (Manikarmika Ghat) et le Assi Ghat.

75Rs

En soirée : Cérémonie hindoue au bord du Gange

5 Après rafraîchissement à l'🏠 **3**, se rendre au Main Ghat (prévoir une lampe de poche) pour assister à la cérémonie saisissante (de 18h00 à 19h00) officiée par sept célébrants. Acheter de l'eau et des fruits puis revenir à la terrasse de l'🏠 ; dîner au son d'un concert de tabla et sitar de 19h30 à 20h30.

100Rs
200Rs

COÛTS TOTAUX DES ACTIVITÉS DU JOUR-5 **2285Rs**

QUELQUES EXPÉRIENCES

... ghats vus de la barque

... en observant une réparation de barque

CARNET DE VOYAGE DE L'AUTEUR

Le Gange mythique

Le voici donc ce Gange mythique où l'on vient en pèlerinage, où l'on se baigne et où on jette les cendres de ses morts. Les morts sont brûlés sur des paliers différents du ghat de crémation selon leur caste. Les animaux, les enfants, les femmes enceintes et les hommes saints sont jetés directement dans le Gange, sans crémation. L'atmosphère de cette ville est très particulière. Nous avons l'impression d'entrer dans l'intimité des Indiens et de partager leurs coutumes si caractéristiques.

COUTUMES INDIENNES – Dompteur de pigeons

Il arrive qu'on entende de curieux cris provenant des toits; on peut observer un homme agitant un bâton garni d'un ruban blanc. Il s'agit d'un dompteur de pigeons qui entraîne ses volatiles pour des compétitions d'obéissance.

VOTRE CARNET DE VOYAGE

Varanasi - vieille ville

0 ⊏▭▭⊐ 250m

N ↑

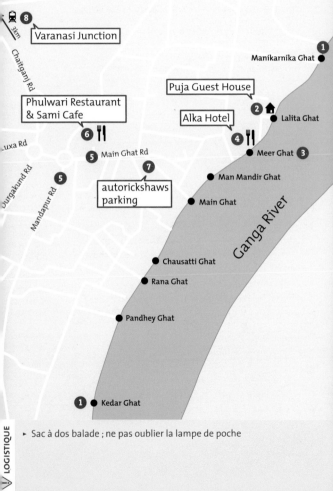

Varanasi Junction

Manikarnika Ghat ●1

Chaitganj Rd

Puja Guest House

2🏠

Lalita Hotel ●1 Lalita Ghat

Phulwari Restaurant & Sami Cafe

6 🍴

Alka Hotel

4 🍴

Luxa Rd

5 Main Ghat Rd

Meer Ghat 3

Durgakund Rd

5

7

Man Mandir Ghat ●

Mandapur Rd

autorickshaws parking

Main Ghat ●

Ganga River

Chausatti Ghat ●

Rana Ghat ●

Pandhey Ghat ●

1 ● Kedar Ghat

LOGISTIQUE

▶ Sac à dos balade ; ne pas oublier la lampe de poche

PROGRAMME D'ACTIVITÉS

COÛT / 2 PERS.

En avant-midi : Lever du soleil sur le Gange et ses ghats

❶ Se lever tôt pour observer le lever du soleil sur le Gange. Descendre au Lalita Ghat adjacent à l' puis négocier avec un batelier une excursion d'une heure. Sur les rives du Gange, les hindous se livrent à des rituels millénaires (du Manikarmika Ghat au Kedar Ghat); luminosité nimbée exceptionnelle lorsque le temps est favorable !

75Rs

❷ Retour à l' pour la toilette puis le petit déj. sur la terrasse. Après les deux massages, réservés la veille, fermer la chambre puis mettre les bagages à la consigne de l'.

160Rs
500Rs

❸ Aller se perdre dans les ruelles pour y retrouver, en demandant son chemin à chaque croisement de ruelles, le Manikarmika Ghat **❶** (crémation), le temple Viswanath et le Meer Ghat conduisant à un temple népalais aux sculptures érotiques.

En après-midi : Flâner dans les boutiques

❹ Se rendre à la terrasse 🍴 de l'Alka Hotel pour le lunch.

160Rs

❺ Poursuivre 🚶 sur les très animés Dasaswamedh Ghat Rd (Main Rd) et Mandapur Rd. Pendant que monsieur s'arrête chez un coiffeur pour une coupe de cheveux suivie ou précédée d'un massage de tête et d'épaules, madame essaie saris et salwar kameez dans différentes boutiques ; belle expérience pour les deux !

50Rs

En soirée : Dîner dans un resto jardin puis départ en train

❻ Dîner dans le jardin du 🍴 Phulwari Restaurant & Sami Cafe avec vue sur un temple si l'on arrive de clarté.

160Rs

❼ Retourner 🚶 au parking d'autorickshaws sur le Main Ghat Rd (de noirceur, la lampe de poche est très utile). Négocier un autorickshaw et s'assurer que le conducteur aide au transport des bagages de l' à l'autorickshaw pour...

75Rs

❽ aller à la gare 🚂. Acheter des provisions pour le voyage. S'installer dans le train pour une courte nuit.

100Rs

COÛTS TOTAUX DES ACTIVITÉS DU JOUR-6 **1280Rs**

QUELQUES EXPÉRIENCES

... en se faisant couper les cheveux

... en croisant des vaches sur les ghats

CARNET DE VOYAGE DE L'AUTEUR

L'élégance des Indiennes

Même lorsqu'elles transportent de la pierre, les femmes indiennes portent leur sari et de multiples bijoux : bungles (bracelets), bracelets de cheville, boucles d'oreilles, bagues de doigts et d'orteils, etc. Les jeunes semblent adopter davantage le salvar kameez (tunique fendue sur le côté, pantalon ajusté à la cheville et foulard assorti pendant dans le dos). Très joli tout ça !

COUTUMES INDIENNES – La médecine ayurvédique

L'ayurveda, médecine vieille de 5000 ans, est basée sur l'utilisation d'herbes médicinales. On rencontre des touristes venus en Inde principalement pour cette médecine offerte dans les hôtels et boutiques de tous genres (y compris chez les barbiers).

VOTRE CARNET DE VOYAGE

Khajuraho

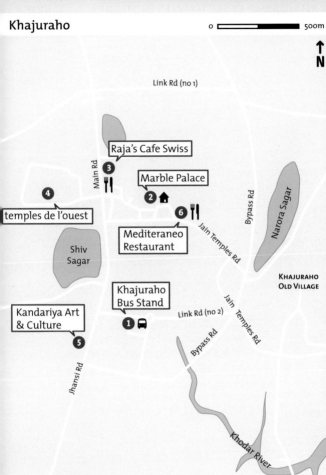

0 ⊏══════⊐ 500m

N

Link Rd (no 1)

Raja's Cafe Swiss

Main Rd

3 🍴

Marble Palace

2 🏠

6 🍴

temples de l'ouest

4

Bypass Rd

Narora Sagar

Mediteraneo
Restaurant

Jain Temples Rd

Shiv
Sagar

**KHAJURAHO
OLD VILLAGE**

Khajuraho
Bus Stand

Kandariya Art
& Culture

1 🚌

Link Rd (no 2)

Jain Temples Rd

5

Bypass Rd

Jhansi Rd

Khodar River

↓ vers Satna,
Varanasi et Jhansi

LOGISTIQUE

▸ Sac à dos balade incluant chasse-moustiques et lotion solaire ainsi
que lampe de poche pour observer l'intérieur des temples et pour le
retour en soirée

PROGRAMME D'ACTIVITÉS

COÛT /
2 PERS.

En avant-midi : La campagne indienne et sa vie au quotidien

À l'arrivée à la gare 🚉 de Satna (hors carte), négocier un autorickshaw pour se rendre à la gare 🚌 (hors carte) pour Khajuraho ; ⚠️ départ à 9h00, durée 5 heures. Au passage dans les gares, arrêter un vendeur ambulant pour déguster un chai (thé avec lait et sucre, 4Rs) ; en cours de voyage, acheter des provisions et de l'eau. On traverse des campagnes, des villages et des hameaux de l'Inde profonde ; belles observations en perspective.

25Rs
160Rs

8Rs
100Rs

En après-midi : Les célèbres temples érotiques

1 À l'arrivée à la gare 🚌 de Khajuraho, prendre un autorickshaw jusqu'à...

20Rs

2 l' 🏠 Marble Palace. ⚠️ Négocier ferme, sinon prendre un des hôtels de Jain Temples Rd juste en face. ⚠️ Réserver directement de l' 🏠 deux bicyclettes pour la journée du lendemain (📷 25Rs/bicyclette). S'installer.

400Rs

3 Se rendre à la terrasse du 🍴 Raja's Cafe Swiss qui offre un beau panorama sur les temples de l'ouest.

155Rs

4 Après le lunch, visiter ces surprenants temples aux sculptures érotiques raffinées. Lire les descriptions sur les plaques situées devant chaque édifice. Prévoir 2 heures 30 minutes avec pause rafraîchissante dans le jardin des temples.

500Rs

40Rs

En soirée : Danses folkloriques de diverses régions de l'Inde

5 Après rafraîchissement à l' 🏠 **2**, se rendre en 🚴 au Kandariya Art & Culture où les danseurs, musiciens et chanteurs donnent un spectacle folklorique très professionnel (19h00 à 20h00).

20Rs
500Rs

6 Au sortir du spectacle, se rendre 🚶 au 🍴 Mediteraneo partager une pizza cuite au four à bois. Retour à l' 🏠 **2** ⚠️ en n'oubliant pas d'acheter l'eau et les provisions pour le petit déj. à la chambre. Repos bien mérité.

250Rs

60Rs

COÛTS TOTAUX DES ACTIVITÉS DU JOUR-7 **2238Rs**

QUELQUES EXPÉRIENCES

... en mangeant sur une terrasse donnant sur les temples

... en visitant les temples

CARNET DE VOYAGE DE L'AUTEUR

L'érotisme religieux!

Bien sûr, nous connaissions l'existence de ces temples érotiques, mais nous n'avions pas idée de la vue d'ensemble que le site offre : magnifique ! Non seulement les sculptures sont sensuelles, mais elles dégagent beaucoup de tendresse. Pour les personnes, comme nous, élevées selon la morale judéo-chrétienne, tout un monde de différence.

COUTUMES INDIENNES – La musique régionale et folklorique

Le sitar, popularisé en Occident par Ravi Chankar et le Beatle George Harrison, ainsi que le tabla (paire de tambours) sont des instruments fort utilisés dans les spectacles musicaux. Si les voix masculines sont en général très agréables, la voix nasillarde de certaines chanteuses peut énerver.

VOTRE CARNET DE VOYAGE

Khajuraho

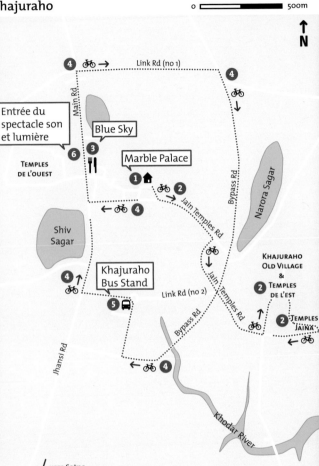

0 ————— 500m

N ↑

Link Rd (no 1)

4 🚲 →

4 🚲

Main Rd

Entrée du spectacle son et lumière

Blue Sky

Marble Palace

6

3 🍴

1 🏠

2 🚲

TEMPLES DE L'OUEST

Jain Temples Rd

4 ← 🚲

🚲

Bypass Rd

Narora Sagar

Shiv Sagar

Khajuraho Bus Stand

4 🚲 ↑

5 🚌

Link Rd (no 2)

Jain Temples Rd

KHAJURAHO OLD VILLAGE & TEMPLES DE L'EST

2 🚲 ↑

2 TEMPLES JAÏNA

2 ← 🚲

Bypass Rd

Jhansi Rd

4 ← 🚲

Khodar River

vers Satna, Varanasi et Jhansi ↓

LOGISTIQUE

▸ Sac à dos balade incluant jumelles, lotion solaire, chasse-moustiques et lampe de poche pour observer l'intérieur des temples et pour le retour en soirée

PROGRAMME D'ACTIVITÉS   COÛT / 2 PERS.

En avant-midi : Les temples de l'est à bicyclette

1 Après le petit déj. à la chambre, prendre le dernier café ou jus sur le toit de l' qui offre une très belle vue sur les temples de l'ouest. Régler la chambre puis prendre les 🚲 réservées la veille pour....   400Rs / 50Rs

2 entreprendre un parcours 🚲 (voir la carte à gauche) permettant de visiter, dans l'ordre, les temples de l'est Hanuman, Vamana (remarquable), Javari (superbe), Ghantai (à la sortie de l'ancien village de Khajuraho ▽ où les habitants sont très intéressés par les roupies des touristes) pour finalement arriver à l'enceinte des temples Jaina comportant trois temples, dont le Parsvanath et ses scupltures d'une qualité remarquable. ▽ Lire les descriptions sur les plaques situées devant chaque édifice ; prévoir 2 heures et un pourboire (10 à 20 Rs) pour les gardiens des temples. Retour à Main Rd pour...   50Rs

En après-midi : À bicyclette en périphérie de Khajuraho

3 prendre le lunch sur la terrasse du 🍴 Blue Sky qui offre également un beau panorama sur les temples de l'ouest.   180Rs

4 Poursuivre l'excursion 🚲 pour aller observer la vie des paysans vivant en périphérie des sites touristiques de Khajuraho ; voir la carte à gauche pour le parcours.

5 Au passage, s'arrêter à la gare 🚌 pour confirmer qu'il y a bien un bus pour Orchha le lendemain à 9h00. Acheter les billets. Retour à l' **1**.   200Rs

En soirée : Son et lumière aux temples de Khajuraho

6 Après un rafraîchissement à l' 🏠, se rendre à la version anglaise du spectacle son et lumière ; durée 1 heure, ▽ arriver pour l'heure d'ouverture variant selon la tombée du jour. Choisir son restaurant pour le dîner, acheter l'eau et les provisions pour le petit déj. puis prévoir se lever tôt pour être à la gare 🚌 à 8h30.   500Rs / 200Rs / 80Rs

COÛTS TOTAUX DES ACTIVITÉS DU JOUR-8   **1660Rs**

QUELQUES EXPÉRIENCES

... en bicyclette aux temples de l'est

... en arrêtant parler à des enfants

CARNET DE VOYAGE DE L'AUTEUR

Visite des temples à bicyclette

De belles balades à bicyclette nous ont permis de visiter les temples qui voisinent le vieux village de Khajuraho. Ce matin, dans le parc en face de l'hôtel, une vieille dame ramassait son combustible (des bouses de vache) à mains nues. Tout un contraste avec la magnificence des monuments de la ville !

COUTUMES INDIENNES – La mendicité

Dans les lieux touristiques, les enfants indiens prennent des habitudes de mendicité systématique : leur vocabulaire se limite parfois à de tristes « Hello chocolate », « Hello roupies », « Hello school pen », etc. De nombreux adultes indiens demandent aux touristes de ne pas encourager la mendicité. Pourquoi ne pas offrir de la nourriture plutôt que de l'argent ?

VOTRE CARNET DE VOYAGE

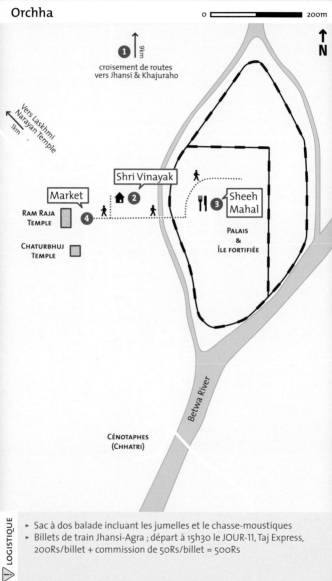

Orchha

0 |======| 200m

↑ N

1 9km
croisement de routes
vers Jhansi & Khajuraho

Vers Laskhmi
Narayan Temple
1km

Shri Vinayak
🚶 **2**

Market
4
RAM RAJA
TEMPLE
🚶 🚶

🚶 **3** **Sheeh Mahal**

PALAIS
&
ÎLE FORTIFIÉE

CHATURBHUJ
TEMPLE

Betwa River

CÉNOTAPHES
(CHHATRI)

◁ LOGISTIQUE

▸ Sac à dos balade incluant les jumelles et le chasse-moustiques
▸ Billets de train Jhansi-Agra ; départ à 15h30 le JOUR-11, Taj Express,
  200Rs/billet + commission de 50Rs/billet = 500Rs

PROGRAMME D'ACTIVITÉS

COÛT /
2 PERS.

En avant-midi : En bus dans la campagne indienne

Khajuraho, se lever tôt, fermer la chambre puis prendre un autorickshaw pour être à la gare pour 8h30 ; savourer un chai à la gare. Durant le trajet 🚌 (5 heures), observer la vie quotidienne des paysans et villageois ; ne pas s'énerver pour les klaxons abusifs ou les croisements avec les véhicules ; hallucinant ! Grignoter en route (deux arrêts prévus) en étant prudent pour son estomac.

20Rs
8s

100Rs

En après-midi : De l'hôtel, observation des palais d'Orchha

1 Demander au chauffeur du bus d'arrêter au croisement de routes (hors carte) menant à Orchha. Négocier un autorickshaw pour...

 75Rs

2 se rendre à l' 🏠 Shri Vinayak sur le bord de la Betwa. S'installer et partager une bière (650ml) locale que l'hôtelier ira chercher avec deux verres (à relaver) ; vue imprenable sur les palais situés sur la rive opposée à l' 🏠. Acheter d'une agence voisine, les billets de train Jhansi-Agra (voir logistique). (Sug. : réserver l' 🏠 d'Agra, voir logistique JOUR-11.)

 350Rs
80Rs

500Rs

En soirée : Dîner dans un palais

3 Se rendre 🚶 traverser le pont de la Betwa menant à l'île fortifiée puis observer les palais de l'extérieur. Aller dîner au « chic » 🍴 de l'hôtel Sheeh Mahal ; beau spectacle de musique, danse et chant traditionnels de 18h00 à 22h00.

200Rs

4 Après le dîner, retraverser le pont pour se rendre à la place du marché entourée de magnifiques temples. Déguster une sucrerie locale. S'il y a une cérémonie dans le temple Ram Raja, ne pas hésiter à entrer ; on se sent les bienvenus. S'il fait encore jour, observer les condors qui se perchent sur les toits des temples. Retour à l' 🏠 **2** pour un repos bien mérité en passant acheter eau et fruits pour le petit déj.

10 Rs

80Rs

COÛTS TOTAUX DES ACTIVITÉS DU JOUR-9 **1423Rs**

QUELQUES EXPÉRIENCES

... dans le bus vers Orchha

... en achetant des pâtisseries indiennes

CARNET DE VOYAGE DE L'AUTEUR

Voyage en bus long, mais...

Oui, le voyage est long (cinq heures). On a jasé avec les passagers indiens parlant l'anglais et on a souri aux autres. Le sourire est très communicatif et les réponses souriantes pleuvent. C'est très agréable de prendre contact avec la population locale. Le dîner au resto du palais était très bon, le service haut de gamme et le spectacle de bon niveau.

COUTUMES INDIENNES – Consommation d'alcool et de viande

Il est interdit de consommer de l'alcool dans un rayon de 200m des temples. Dans des villes considérées saintes qui contiennent de multiples temples, il est également interdit d'en vendre. Certains restos sont quand même accommodants. Question viande, le boeuf (en raison de l'hindouïsme) comme le porc (en raison de l'Islam) sont pratiquement proscrits de la consommation. Positivement, l'Inde est le paradis des végétariens.

VOTRE CARNET DE VOYAGE

....
....
....
....
....
....
....
....
....
....
....
....
....
....
....
....
....
....
....
....
....
....
....
....
....
....

Orchha

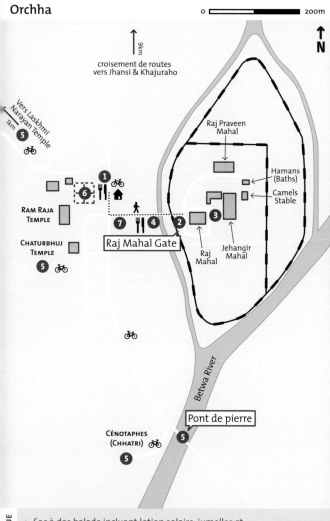

0 ▭▭▭▭ 200m

9km

croisement de routes
vers Jhansi & Khajuraho

Vers Laskhmi Narayan Temple
1km

⑤

Raj Praveen Mahal

Hamans (Baths)

Camels Stable

①

⑥

⑦

④

②

③

Raj Mahal Gate

RAM RAJA TEMPLE

Raj Mahal

Jehangir Mahal

CHATURBHUJ TEMPLE

⑤

Betwa River

Pont de pierre

⑤

CÉNOTAPHES (CHHATRI)

⑤

N

PROGRAMME D'ACTIVITÉS   COÛT /
                                                                       2 PERS.

En avant-midi : Visite des palais d'Orchha

1 Régler la chambre pour la nuit. Après un petit déj. à   350Rs
la terrasse ensoleillée du 🍴 Open Sky face à l'🏠, se   85Rs
rendre 🚶 ...

2 au Raj Mahal Gate acheter les billets (⚠️ à conserver)   500Rs
qui permettent d'entrer dans les palais et dans les
temples d'Orchha (valide pour la journée).

3 Visiter le palais Raj Mahal et ses intéressantes fresques,
le superbe Jehangir Mahal dont le rez-de-chaussée loge
l'Archaeological Museum, les étables de chameaux, les
Hamams (bains) ainsi que le Raj Praveen Mahal et ses
jardins. Prévoir 2 heures 30 minutes. Après la visite,...

En après-midi : Visite à bicyclette des temples d'Orchha

4 refranchir le pont de la Betwa. Immédiatement à   150Rs
gauche, se trouve le 🍴 Ramraja où l'on sert d'excellents
plats, dont des pizzas cuites au four à bois.

5 Aller louer deux 🚲 (🔢 10Rs/heure) puis prévoir   🔢40Rs
2 heures pour visiter (suivre la carte à gauche) les
Chhatri (cénotaphes) (après les avoir admirés du pont
de pierre), le temple Chaturbhuj puis, un km plus loin,
le temple Narayan. Rapporter les 🚲.

En soirée : Marché et places d'Orchha

6 Se balader 🚶 ⚠️ de clarté dans les places emmurées
adjacentes au marché ; des activités religieuses ou
culturelles s'y tiennent à l'occasion.

7 Aller ensuite dîner au 🍴 Betwa Taranj. Achat de   190Rs
victuailles et d'eau puis retour à l'🏠.   100Rs

COÛTS TOTAUX DES ACTIVITÉS DU JOUR-10   **1415Rs**

QUELQUES EXPÉRIENCES

... à bicyclette aux cénotaphes

... en parlant aux lavandières

CARNET DE VOYAGE DE L'AUTEUR

De splendides palais

En visitant les palais, nous nous imaginions qu'avec leurs décorations aujourd'hui disparues, ils avaient la splendeur des châteaux de la Loire ; ne datent-ils pas de la même époque ? Il semble donc qu'il existait en Inde une civilisation équivalente, aussi riche, aussi puissante. Les architectes concevaient des bâtiments très élaborés et fort complexes ; leurs connaissances en mathématiques étaient sûrement très pointues. Ces constructions sont magnifiques, pleines de détails.

COUTUMES INDIENNES – Coupures électriques quotidiennes

L'électricité (240V) est l'objet de coupures fréquentes, voire journalières. Dans certains quartiers, les coupures sont systématiques et l'hôtelier préviendra qu'il n'y a pas d'électricité ni eau chaude par exemple : de 10h00 à 13h30.

VOTRE CARNET DE VOYAGE

Orchha

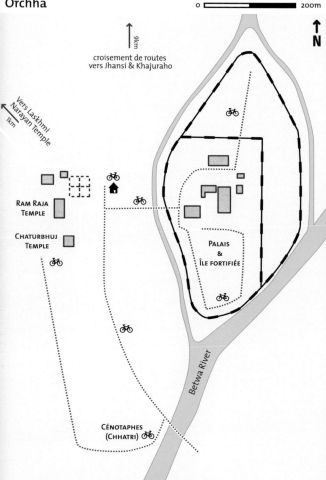

0 ▭▬▭▬ 200m

N

9km ↑

croisement de routes
vers Jhansi & Khajuraho

Vers Laskhmi
Narayan Temple
1km ↖

RAM RAJA
TEMPLE

CHATURBHUJ
TEMPLE

PALAIS
&
ÎLE FORTIFIÉE

Betwa River

CÉNOTAPHES
(CHHATRI)

▸ Sac à dos balade incluant lotion solaire et jumelles

⚠️ Le Taj Mahl étant fermé les vendredis, en tenir compte avant de décider de prendre cette journée de prolongation à Orchha.

Avant de se rendre dans l'animée et bruyante Agra où les conducteurs des autorickshaws seraient les plus harcelants de l'Inde, une pause d'une journée pourrait être profitable. Conserver l'🏠 une nuit supplémentaire puis décaler en conséquence les réservations de billets de train Jhansi-Agra ⚠️ (voir logistique JOUR-9) et de l'hôtel Shanti Lodge d'Agra prévues pour le JOUR-11.

350Rs

Une balade en 🚲 (prévoir 2 heures) dans l'île fortifiée d'Orchha (50Rs/bicyclette pour la journée) est proposée ; voir carte de gauche pour le parcours suggéré.

🖩100Rs

Repas, eau et provisions pour la journée.

530Rs

COÛTS TOTAUX DES ACTIVITÉS DU JOUR-10+   **980Rs**

QUELQUES EXPÉRIENCES

... à bicyclette dans l'île fortifiée d'Orchha

... avec des indiennes en sari transportant de la pierre

CARNET DE VOYAGE DE L'AUTEUR

Ornithologie en Inde

Pour un ornithologue, même très amateur, il est fascinant de voir autant d'espèces d'oiseaux différentes de celles auxquelles nous sommes habitués. Les condors nichent dans les toits des ruines d'Orchha et on voit régulièrement des volées de perroquets. De quoi amuser les ornithologues pendant des heures.

COUTUMES INDIENNES – Les lavandières

Plusieurs hôtels offrent de faire la lessive contre quelques roupies. La plupart du temps, ils l'envoient chez des lavandières qui le laveront vigoureusement sur des roches, à la rivière ou sur les ghats. Tissu délicat, s'abstenir...

VOTRE CARNET DE VOYAGE

Agra centre

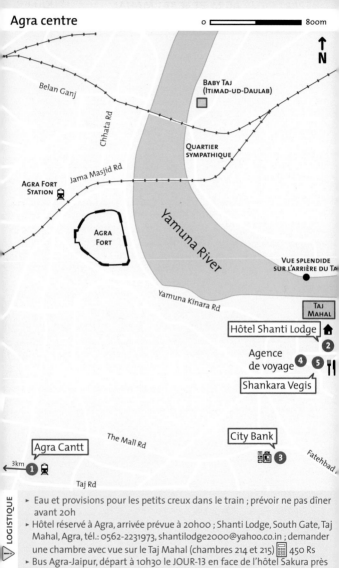

0 ▭▭▭▭ 800m

N

Belan Ganj

Chiata Rd

Baby Taj
(Itimad-ud-Daulab)

Quartier
sympathique

Jama Masjid Rd

Agra Fort
Station

Agra
Fort

Yamuna River

Vue splendide
sur l'arrière du Ta

Yamuna Kinara Rd

Taj
Mahal

Hôtel Shanti Lodge 🏠 2

Agence
de voyage 4 5 🍴

Shankara Vegis

The Mall Rd

City Bank

3

Agra Cantt

1

Fatehbad

→3km

Taj Rd

LOGISTIQUE

⚠️ ► Eau et provisions pour les petits creux dans le train ; prévoir ne pas dîner
avant 20h
► Hôtel réservé à Agra, arrivée prévue à 20h00 ; Shanti Lodge, South Gate, Taj
Mahal, Agra, tél.: 0562-2231973, shantilodge2000@yahoo.co.in ; demander
une chambre avec vue sur le Taj Mahal (chambres 214 et 215) 450 Rs
► Bus Agra-Jaipur, départ à 10h30 le JOUR-13 en face de l'hôtel Sakura près
de la gare routière. Durée 6 heures ; 178Rs /pers. + frais de réservation de
50Rs/billet

PROGRAMME D'ACTIVITÉS	COÛT / 2 PERS.

En avant-midi : Grasse matinée à Orchha

Pour le petit déj., aller chercher un « fruit muesli with curd » au ¶¶ Open Sky d'en face. Revenir le déguster à la terrasse de l'🏠 tout en sirotant son café préparé à la chambre. — 100Rs

Mettre les bagages à la consigne de l'🏠, échanger avec le sympathique propriétaire (Sug. : confirmer l'heure d'arrivée (20h00) et le coût négocié (voir logistique) à l'hôtel déjà réservé d'Agra. Acheter eau et provisions pour le voyage 🚆 d'une durée de 3 heures 30 min. — 100Rs

En après-midi : En train vers Agra

Prendre un lunch à la terrasse du ¶¶ Open Sky ; ter-miner pour 13h30. Récupérer les bagages puis négocier un autorickshaw pour se rendre à la gare 🚆 de Jhansi vers 14h30 (durée du trajet 45 minutes). Prendre le 🚆 à 15h30 (voir logistique JOUR-9). En profiter pour échanger avec les passagers du wagon ; on se trouve dans une catégorie de train où en général, les passagers indiens parlent l'anglais. — 180Rs / 150Rs

En soirée : Arrivée à la gare animée d'Agra

1 À l'arrivée du 🚆 à la gare d'Agra Cantt, (vers 19h00) sortir puis (pas avant) négocier un autorickshaw (ils font légion) pour... — 50Rs

2 se rendre à l'🏠 Shanti Lodge dans le quartier Taj Ganj.

3 En route, demander au conducteur d'arrêter au ATM de la City Bank ou dans une autre institution voisine acceptant sa carte bancaire (Sug. : 15 000 RS).

4 Une fois installé à l'🏠, se balader dans le quartier Taj Ganj puis aller acheter les billets de 🚌 pour Jaipur (voir logistique) dans une agence de voyage. — 450Rs / 456Rs

5 Se rendre dîner au Shankara Vegis. Après achat d'eau et de victuailles, retourner à l'🏠 **2**. (Sug. : réserver l'🏠 pour Jaipur, voir logistique JOUR-13.) — 200Rs / 100Rs

COÛTS TOTAUX DES ACTIVITÉS DU JOUR-11 — **1786Rs**

QUELQUES EXPÉRIENCES

... sur la terrasse devant le Taj

... vue du Taj Mahal de la chambre

CARNET DE VOYAGE DE L'AUTEUR

En dehors du circuit touristique

La balade dans le quartier Taj Ganj nous a agréablement intéressés. Bien que nous soyons à deux pas des hôtels, peu de touristes osent se promener dans les petites rues achalandées de ce secteur commerçant. Nous y sommes entourés d'Indiens tout à fait charmants. C'est nous qui sommes exotiques ici et les enfants courent après nous pour nous dire « Hello ». Ils sont très heureux qu'on leur réponde « Namaste ».

COUTUMES INDIENNES – Croix gammée

En Orient, le svastika est un vieux symbole hindou utilisé comme porte-bonheur. Il y en a non seulement dans les temples, mais aussi sur les maisons privées et même sur les autorickshaws. Ça n'a donc rien à voir avec le nazisme.

VOTRE CARNET DE VOYAGE

Agra centre

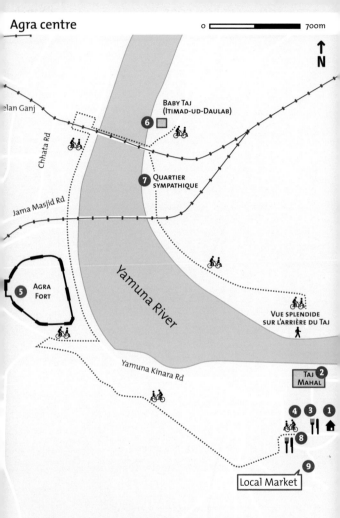

0 ⊢———————⊣ 700m

N

elan Ganj

Chhata Rd

BABY TAJ
(ITIMAD-UD-DAULAB)

6

7 **QUARTIER**
SYMPATHIQUE

Jama Masjid Rd

Yamuna River

5 **AGRA**
FORT

VUE SPLENDIDE
SUR L'ARRIÈRE DU TAJ

Yamuna Kinara Rd

TAJ **2**
MAHAL

4 **3** **1**

8

9

Local Market

LOGISTIQUE

▸ Pour la visite au Taj Mahal, laisser le sac à dos à l'hôtel ; apporter
uniquement eau, appareil photo et jumelles
▸ Pour l'après-midi : sac à dos balade incluant appareil photo, jumelles,
lotion solaire, chasse-moustiques et lampe de poche pour le retour à la
noirceur

PROGRAMME D'ACTIVITÉS

COÛT /
2 PERS.

En avant-midi : Enfin, visite du Taj Mahal

1 Se lever tôt. Tout en s'habillant, prendre le café en admirant le Taj Mahal de la chambre. Petit déj. à la terrasse de l'🏠 ; vue dégagée sur le Taj. Régler l'🏠 pour la prochaine nuit. — 130Rs / 450Rs

2 Se rendre 🚶 visiter le Taj Mahal (entrée porte est). ⚠️ Pas de nourriture ni de sac à dos sur le site ; conserver appareil photo et jumelles sur soi. Prévoir 2 heures. — 1500Rs

3 Aller prendre le lunch (Sug. : arriver vers 11h30 en raison de la lenteur du service) à la terrasse du 🍴 de l'hôtel Kamal ; vue superbe sur le Taj. — 200Rs

En après-midi : Agra Fort et coucher de soleil sur le Taj

4 Après le lunch (Sug. : terminer pour 13h00), négocier un 🚲 (30Rs/h) en garantissant 5 heures de randonnée. — 🖩150Rs

5 Se rendre en 🚲 à l'Agra Fort (voir carte de gauche pour le parcours de la randonnée 🚲 ; prévoir 2 heures); le 🚲 attend à l'entrée du site. Après la visite du fort ... — 600Rs

6 poursuivre en 🚲 pour aller visiter le mausolée de l'Itimad-ud-Daulah (Baby Taj) (prévoir 30 minutes). — 200Rs

7 Continuer en 🚲 puis traverser un quartier sympathique où les enfants jouent dans la rue, puis se rendre à l'arrière du Taj Mahal. Inutile d'aller au jardin payant ; se rendre plutôt sur la rive de la Yamuna opposée au Taj. Point de vue incroyable pour photographier le Taj et voir le soleil couchant se refléter sur le célèbre monument. Wow ! Retour à l'🏠 ; utiliser la lampe de poche pour signaler sa présence dans la circulation intense.

En soirée : Visite d'un quartier animé

8 Dîner au 🍴 Join Us. — 190Rs

9 Se balader dans les rues captivantes du marché du quartier Taj Gang. Déguster une confiserie et un lait chaud sucré, expérimenter un massage facial (40Rs/pers.) d'un des nombreux coiffeurs ; pourquoi pas ? Retour à l'🏠 **1** en achetant des victuailles et de l'eau. — 20Rs / 80Rs / 100Rs

COÛTS TOTAUX DES ACTIVITÉS DU JOUR-12 **3620Rs**

QUELQUES EXPÉRIENCES

... avec une partie de la famille de l'auteur

... le petit-fils de l'auteur au Taj

CARNET DE VOYAGE DE L'AUTEUR

Agra la magnifique

Le voici donc, ce Taj Mahal mythique, symbole touristique de l'Inde. Indéniablement, c'est une merveille de finesse et de grâce ; tous les détails y sont harmonieux. Le fort d'Agra est également impressionnant, encore plus beau que celui de Delhi. Shah Jahan, celui qui a fait construire le Taj, y a terminé ses jours, emprisonné après avoir été limogé par... son propre fils. Bizarre destin !

COUTUMES INDIENNES – Le lait et les friandises

En début de soirée, c'est l'heure du lait; les enfants affluent pour venir acheter le lait chaud pour la famille. Le lait est souvent servi dans des gobelets de terre cuite, jetable! En soirée, c'est au tour des hommes de venir déguster et acheter les confiseries.

VOTRE CARNET DE VOYAGE

Agra centre

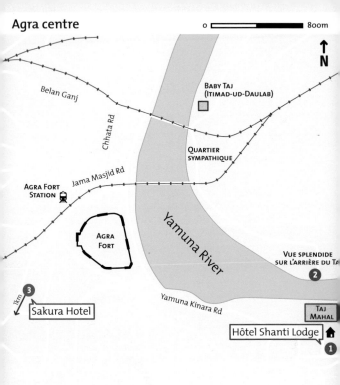

0 ⊢━━━━━━━━━━━━━━━━┥ 800m

↑ N

Belan Ganj

Chhata Rd

BABY TAJ
(ITIMAD-UD-DAULAB)

QUARTIER
SYMPATHIQUE

Jama Masjid Rd

AGRA FORT
STATION 🚉

AGRA
FORT

Yamuna River

VUE SPLENDIDE
SUR L'ARRIÈRE DU TAJ
②

③ 1km ↓

Sakura Hotel

Yamuna Kinara Rd

TAJ
MAHAL

Hôtel Shanti Lodge 🏠
①

The Mall Rd

AGRA CANTT
← 3km 🚉

Fatehbad

Taj Rd

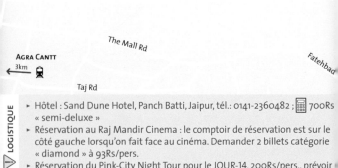

LOGISTIQUE

▶ Hôtel : Sand Dune Hotel, Panch Batti, Jaipur, tél.: 0141-2360482 ; 🖩 700Rs
« semi-deluxe »
▶ Réservation au Raj Mandir Cinema : le comptoir de réservation est sur le
côté gauche lorsqu'on fait face au cinéma. Demander 2 billets catégorie
« diamond » à 93Rs/pers.
▶ Réservation du Pink-City Night Tour pour le JOUR-14, 200Rs/pers., prévoir
pourboire de 50 Rs pour le « boy » de l'hôtel. Départ du RTDC sur M.I. Road
s'informer de l'heure du départ

PROGRAMME D'ACTIVITÉS

COÛT /
2 PERS.

En avant-midi : Un dernier adieu au Taj

1 Se lever tôt, prendre le petit déj. à la chambre, puis fermer la chambre 🏠 (Sug. : confirmer la réservation pour l' 🏠 de Jaipur; voir logistique).

2 ⚠️ Si la visibilité est bonne, prendre un autorickshaw en emportant ses bagages pour aller contempler les reflets du soleil sur l'arrière du Taj Mahal; luminosité nimbée qui enveloppe le Taj.   150Rs

3 Revenir à l'hôtel Sakura pour le départ en 🚌 privé vers Jaipur prévu à 10h30 (voir logistique JOUR-11). Des kiosques voisins permettent de se ravitailler pour le voyage d'une durée de 6 heures comportant un seul arrêt.   100Rs

En après-midi : Arrivée à Jaipur « la rose » (voir carte JOUR-14)

1 Arrivés à Jaipur à Narain Singh Circle, ⚠️ seul arrêt pour le centre-ville de Jaipur...

2 prendre un autorickshaw « pre-paid » pour se rendre à l' 🏠 Sand Dune, ⚠️ mentionner « behind the Raj Mandir » (voir logistique). ⚠️ Exiger d'être déposé à la porte de l' 🏠. S'enregistrer rapidement, sans s'installer.   22Rs

700Rs

3 Se rendre 🚶 immédiatement réserver au Raj Mandir Cinema (voir logistique) pour la représentation de 18h30. Retourner s'installer à l' 🏠. Demander à l'hôtelier d'envoyer un « boy » au RTDC (voir logistique) acheter les billets pour le « Pink City Night Tour » du lendemain.   186Rs

450Rs

En soirée : Cinéma à l'indienne

Prendre une bouchée à un resto voisin du Raj Mandir (plusieurs choix y compris McDonald's et Domino's Pizza), pénétrer dans ce cinéma prestigieux, luxueux... et un peu kitsch ; une expérience incontournable. Au sortir du film, retourner 🚶 à l' 🏠 en utilisant la lampe de poche.   225Rs

COÛTS TOTAUX DES ACTIVITÉS DU JOUR-13   **1833Rs**

QUELQUES EXPÉRIENCES

... le Taj Mahal sous la lumière matinale

... en file pour le cinéma

CARNET DE VOYAGE DE L'AUTEUR

Le cinéma bollywoodien

En Inde, le silence n'est pas de rigueur au cinéma. Les gens interviennent et manifestent leur accord ou leur désaccord avec l'action du film et ils ne se gênent pas pour discuter entre eux ou utiliser leur cellulaire! Les scénarios sont parfois simplistes mais, les décors, la musique, les chants et la danse sont à couper le souffle.

COUTUMES INDIENNES – Boire à l'indienne

Boire sans toucher des lèvres le goulot du récipient ou de la bouteille, tout Indien sait faire ça. Il tient le contenant au-dessus de sa bouche et laisse couler le liquide sans s'étouffer. Un défi pour nous !

VOTRE CARNET DE VOYAGE

Jaipur centre

0 ⊏□□□□□□ 800m

TIGER FORT
(NAHARGHATH)

N

Amber
Fort   11km
5

Station Rd

City Palace

Iswari Minar Swarga Sal

6

Hawa Mahaal Rd

10   Hawa
Mahal

7

8

Hawa Mahal
entry   **9**

4   Tripolia Baz

12

Bus to Amber

RTDC Night Tour

Nehru Bazaar

MI Road

131km
Ajmer
11

3   **2**

Raj Mandir
Cinema

Sand Dune Hotel

Narain Singh Circle

1

▷ LOGISTIQUE

▸ Sac à dos balade incluant jumelles, provision d'eau et victuailles,
lotion solaire, chasse-moustiques et lampe de poche pour le
Night Tour

PROGRAMME D'ACTIVITÉS

COÛT /
2 PERS.

En avant-midi : Une forteresse et sa centaine d'éléphants

4 Jaipur, se lever tôt pour ne pas rater le défilé d'éléphants montant au fort d'Amber. Après un petit déj. à la chambre, régler l' puis prendre un autorickshaw pour se rendre au coin du Hawa Mahal.

700Rs

30Rs

5 Prendre le premier bus pour Amber (prononcer Amer) qui, en 20 minutes, se rend à l'entrée du Amber Fort (11km, hors carte). Payer les droits d'entrée à la cour centrale (100Rs/pers.) puis louer un audiophone (200Rs, un pour deux personnes) en français. Prévoir 2 heures.

14Rs

400Rs

En après-midi : La ville emmurée de Jaipur

6 Acheter des rafraîchissements puis prendre le 🚌 de retour. Arrêter à l'entrée du City Palace (porte d'arche avec deux clochetons) que l'on visite après avoir pris un lunch dans un petit 🍴 d'Hawa Mahal Rd 30m plus bas. Prévoir 1 heure 30 min pour la visite du palais.

50Rs
14Rs
150Rs
500Rs

7 En prenant la même sortie sur Hawa Mahal Rd, traverser la rue à l'est pour aller voir un temple hindou à l'intérieur d'une magnifique cour ; prévoir un don.

50Rs

8 Remonter 🚶 vers le sud pour voir la célèbre façade du Hawa Mahal (palais des vents).

9 Aller 🚶 sur Tripolia Bazaar puis prendre la première ruelle à droite pour accéder à l'entrée du Hawa Mahal (palais des vents) à l'arrière de l'édifice. Très belle vue du 5ᵉ et dernier étage (prévoir 30 min).

100Rs

10 Remonter Tripolia Bazaar 🚶 vers l'ouest jusqu'à la ruelle menant à la Ishar Lat Tower (prévoir 15 min).

20Rs

11 Prendre un autorickshaw sur Tripolia Bazaar pour ⚠️ arriver au RTDC (Gvt Hostel) pour le départ du Night Tour (voir logistique JOUR-13).

30Rs

En soirée : Pink-City Night Tour et dîner dans un château

L'intéressante tournée de monuments éclairés (dont le Amber Fort) ainsi qu'un dîner végétarien au Tiger Fort.

COÛTS TOTAUX DES ACTIVITÉS DU JOUR-14   **2058Rs**

QUELQUES EXPÉRIENCES

... avec les éléphants au fort d'Amber

... en visitant Jaipur

CARNET DE VOYAGE DE L'AUTEUR

Le fort d'Amber et ses éléphants

Le fort d'Amber est un magnifique palais fortifié du XVIIe siècle. Surplombant la falaise, il se reflète dans un bassin d'eau. En montant, on croise deux fois le chemin des éléphants transportant des touristes (550Rs/éléphant) qui finalement, ratent peut-être le vrai spectacle. Et quel spectacle! Plus d'une centaine d'éléphants défilent sans arrêt de 7h00 à 11h00 ; jamais rien vu de pareil!

Le Pink-City Night Tour était intéressant; toutefois le guide parlait un anglais incompréhensible!

COUTUMES INDIENNES – À gauche toutes !

Ancienne colonie britannique, l'Inde roule à gauche. Pour plus de sécurité, il est recommandé de marcher à gauche dans les rues. Une lampe de poche signalera sa présence le soir; même pour les déplacements en autorickshaw qui ne sont pas toujours munis de réflecteurs.

VOTRE CARNET DE VOYAGE

Pushkar

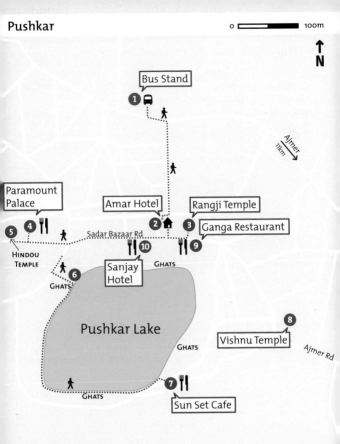

Bus Stand ①

Ajmer 11km

Paramount Palace
④ ⑤
HINDOU TEMPLE

Amar Hotel ②

Rangji Temple ③
Ganga Restaurant ⑨

Sadar Bazaar Rd

⑩

GHATS

Sanjay Hotel

⑥ GHATS

Pushkar Lake

GHATS

Vishnu Temple ⑧

Ajmer Rd

⑦
Sun Set Cafe

GHATS

GHATS

LOGISTIQUE

▸ Hôtel Amar, Ghowka Chowk, Pushkar, tél.: 0145-2772809
▸ Eau et provisions pour les petits creux dans le bus, prévoir ne pas luncher avant 14h00
▸ Après-midi, sac à dos balade incluant jumelles, chasse-moustiques et lotion solaire
▸ Sur les ghats, ne pas accepter d'offres de fleurs ou autres de « prêtres » ; préférer faire un don dans les « donation boxes » situées à l'entrée des ghats

PROGRAMME D'ACTIVITÉS   COÛT / 2 PERS.

En avant-midi : L'autoroute fleurie de Jaipur à Pushkar

Jaipur, se lever tôt, prendre le petit déj. à l'🏠 puis fermer la chambre. Prendre un autorickshaw ; ⚠ s'assurer d'être à la gare 🚌 (voir ⑫ carte JOUR-14) vers 8h45. ⚠ En route, arrêter à un ATM (Sug. : 15 000Rs). Acheter les billets à la « platform » no 1, départ à 9h15. Prévoir des provisions et de l'eau pour le voyage de 3 heures 30 min.

🖩 50Rs

146Rs
50Rs

En après-midi : Pushkar et ses ghats

❶ Arrivés à la gare 🚌 de Pushkar, ignorer les innombrables rabatteurs puis...

❷ se rendre 🚶 à l'Hôtel Amar tout près. S'installer.

🖩 300Rs

❸ Prendre la sortie de l'🏠 menant vers les ghats puis aller faire une courte visite au temple Rangji visible de la terrasse de l'🏠. Pour s'y rendre, passer par Laxmi Market.

❹ Aller 🚶 au 🍴 du Paramount Palace pour le lunch en admirant la magnifique vue sur le lac où Brahma aurait laissé tomber un lotus.

200Rs

❺ Au sortir du 🍴 se permettre d'entrer dans le temple hindou voisin où loge une famille intéressante (don suggéré).

20Rs

❻ Poursuivre en se rendant directement sur le bord des ghats qu'on longe 🚶 en faisant le tour du lac. Quitter les ghats lorsqu'il y a impasse pour y revenir plus loin.

En soirée : Coucher de soleil sur la ville bleue

❼ Franchir 🚶 le pont ⚠ en enlevant ses chaussures puis s'asseoir à la terrasse du 🍴 Sun Set Cafe ou sur les marches du ghat adjacent pour admirer le coucher de soleil sur la ville bleue.

50Rs

❽ Poursuivre 🚶 sur les rues commerçantes animées ; observer au passage le temple de Vishnu. Don suggéré.

20Rs

❾ Aller déguster un succulent "veg roll", assis littéralement dans la rue au 🍴 Ganga Restaurant. Après une balade digestive 🚶 à regarder les boutiques du Sadar Bazaar Rd. Retour à l' ❷ en achetant de l'eau et des provisions.

40Rs

100Rs

COÛTS TOTAUX DES ACTIVITÉS DU JOUR-15   **976Rs**

QUELQUES EXPÉRIENCES

... devant un temple hindou de Pushkar

... des singes sur la route de Pushkar

CARNET DE VOYAGE DE L'AUTEUR

Une magnifique ville bleue

Si Jaipur est la ville rose, on peut dire que Pushkar est la ville bleue car c'est la couleur privilégiée pour les maisons. Avec son lac et les montagnes en arrière-plan, le paysage de la petite ville est des plus séduisants. Pushkar est une ville sainte où la consommation d'alcool, de viande et d'oeufs est interdite ; on peut quand même y déguster des crêpes étonnamment bonnes. La ville est réputée et plusieurs commerçants de toutes nationalités viennent y faire des achats pour leurs boutiques.

COUTUMES INDIENNES – Les fêtes dans la rue

Nombreuses sont les fêtes officielles ou privées en Inde. Elles se déroulent souvent dans la rue et les étrangers y sont bienvenus. Ces fêtes sont généralement très colorées, très animées et très bruyantes.

VOTRE CARNET DE VOYAGE

Pushkar

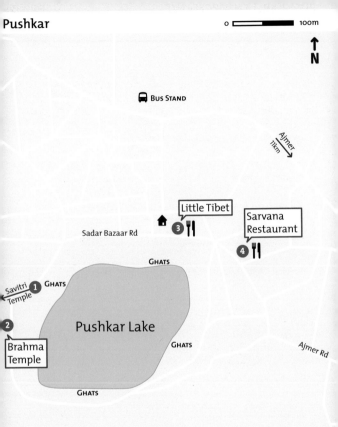

0 ━━━━━━ 100m

N

🚌 Bus Stand

Ajmer
11km

Little Tibet

🏠 ❸ 🍴

Sarvana
Restaurant

Sadar Bazaar Rd

❹ 🍴

GHATS

Savitri ❶ GHATS
Temple

❷

Brahma
Temple

Pushkar Lake

GHATS

GHATS

Ajmer Rd

GHATS

⟩ LOGISTIQUE

▸ Sac à dos balade incluant jumelles, chasse-moustiques et lotion solaire

PROGRAMME D'ACTIVITÉS

COÛT /
2 PERS.

Oui, il y a suffisamment d'ambiance et de choses à faire dans ce joli village pour y demeurer un peu plus longtemps. Prendre une autre nuit à l'🏠.

300Rs

En avant-midi : Trecking ou farniente

1 Les plus hardis se lèveront tôt pour une petite grimpette jusqu'au temple de Savitri ; prévoir 1 heure d'ascension. Au retour, ils rejoindront, pour un petit déj. sur l'herbe à l'🏠, ceux qui auront choisi de faire la grasse matinée .

100Rs

2 En fouinant en direction ouest dans les boutiques de Sadar Bazaar où madame pourra se faire faire un vêtement livrable en soirée, on arrive à un des seuls temples du monde consacré à Brahma, qui porte un des trois visages (Trimurti) de Brahman, les autres étant Vishnu et Shiva.

En après-midi : On se traîne les pieds à l'est du lac

3 Retour vers l'🏠 pour aller prendre un lunch dans la sympathique cour ombragée du 🍴 Little Tibet voisin. Consacrer le reste de l'après-midi à flâner du côté est du lac où boutiques et cafés sympathiques fourmillent.

150Rs

En soirée : Dîner dans un resto branché

4 Après rafraîchissement à l'🏠, se rendre au 🍴 Sarvana où on peut, selon son humeur et la température, choisir de manger à l'intérieur ou à l'extérieur. Achat d'eau et de provisions et retour à l'🏠.

170Rs

100Rs

COÛTS TOTAUX DES ACTIVITÉS DU JOUR-15+   **820Rs**

QUELQUES EXPÉRIENCES

... avec un vendeur de chai

... vache essayant une robe

CARNET DE VOYAGE DE L'AUTEUR

Prendre son temps à Pushkar

Il arrive parfois qu'en voyage, le hasard nous fasse découvrir un endroit où l'on a le goût de déposer ses bagages ; Pushkar est l'un de ces endroits. Plusieurs balades intéressantes sont possibles dans la ville et aux alentours, le paysage est magnifique. La cour intérieure de l'hôtel Amar donne envie d'y passer du temps : on y trouve aussi bien des coins ensoleillés que des coins ombragés. La « misère » comme on l'aime !

COUTUMES INDIENNES – Le papier de toilette

On est d'abord surpris de constater que les hôtels populaires fournissent rarement le papier de toilette. Le petit pot de plastique présent dans toutes les salles de toilette semble en tenir lieu. Cet article est une denrée de luxe ici puisqu'un rouleau équivaut pratiquement au prix d'un plat au resto.

VOTRE CARNET DE VOYAGE

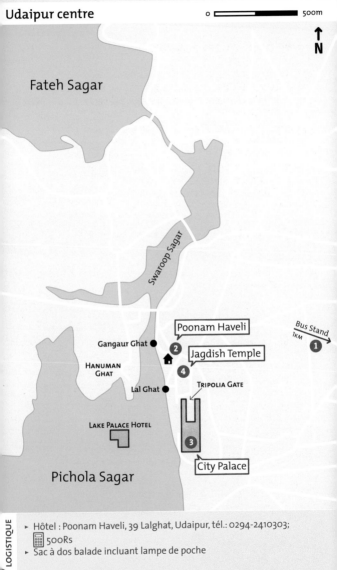

0 500m

N

Fateh Sagar

Swaroop Sagar

Poonam Haveli

Gangaur Ghat ● **2**

Jagdish Temple

HANUMAN
GHAT

4

Lal Ghat ●

TRIPOLIA GATE

Bus Stand
1KM **1** →

LAKE PALACE HOTEL

3

City Palace

Pichola Sagar

LOGISTIQUE

▸ Hôtel : Poonam Haveli, 39 Lalghat, Udaipur, tél.: 0294-2410303;
🖩 500Rs
▸ Sac à dos balade incluant lampe de poche

PROGRAMME D'ACTIVITÉS

COÛT /
2 PERS.

En avant-midi : Routes de campagne et autoroute fleurie

À Pushkar prendre le petit déj. à la terrasse 🍴 du Sanjay Hotel (voir ❿ carte JOUR-15) ; splendide vue sur le lac. Revenir à l'🏠 et fermer la chambre. À 9h00, prendre le 🚌 vers Ajmer puis de là, le 🚌 pour Udaipur ; départ à 10h00, durée 6 heures. En route, on peut constater l'avancement des travaux de construction sur l'autoroute fleurie de bougainvilliers et de lauriers roses. Des détours par les campagnes et villages permettent de constater l'écart entre l'Inde rurale et l'Inde que les autorités s'efforcent de moderniser. Le dernier arrêt de 🚌 à Chittorgarh permet d'admirer aux jumelles l'immense forteresse Chittor, ancêtre d'Udaipur.

100Rs

40Rs
328Rs

En après-midi : Arrivée à Udaipur et son lac Pichola

Le bus gouvernemental effectue quelques arrêts permettant de se ravitailler ; ⚠️ ne pas penser y prendre le lunch : santé oblige.

100Rs

❶ Arrivés à la gare 🚌 d'Udaipur, prendre un autorickshaw pour se rendre...

20Rs

❷ à l'🏠 Poonam Haveli ; s'y installer puis prendre une bouchée sur son « roof top » 🍴 en admirant les collines entourant la ville se miroitant dans le lac Pichola. S'y attarder jusqu'au magnifique coucher de soleil.

500Rs
200Rs

En soirée : Newar, la plus vieille dynastie de l'histoire

❸ Se rendre au City Palace pour le son et lumière. ⚠️ Vérifier l'horaire auprès de l'hôtelier. Prendre les billets les moins chers (125Rs/pers.) ; on y est aux premières loges.

250Rs

❹ Par la suite, explorer les ruelles marchandes menant à l'🏠. Ne pas rater une visite au temple Jagdish orné de splendides sculptures. Achat d'eau et de victuailles puis retour à l'🏠 pour un repos bien mérité.

100Rs

COÛTS TOTAUX DES ACTIVITÉS DU JOUR-16 **1638Rs**

QUELQUES EXPÉRIENCES

... en bus vers Udaipur

... au coucher du soleil sur un « roof top » à Udaipur

CARNET DE VOYAGE DE L'AUTEUR

Les anachronismes de l'Inde

D'un côté : des charrettes avec des roues de bois tirées par des animaux, des enfants marchant pieds nus, des hommes soulageant leur vessie sur le bord de la rue, des toilettes « à la turque » dans la plupart des endroits publics. De l'autre : des hôtels de catégorie moyenne avec des planchers en marbre, de vieilles constructions grandioses qui démontrent le dynamisme ancien de l'Inde, des autoroutes en construction, un métro tout neuf à Delhi. L'Inde est un pays fascinant, plein de paradoxes.

COUTUMES INDIENNES – Les autoroutes à l'indienne

Sur les autoroutes indiennes toutes neuves, on peut observer des charrettes tirées par des bœufs, des enfants courant sur le terre-plein, une vache traversant l'autoroute, une voiture roulant en sens inverse. Et tout cela ne semble pas impressionner le conducteur du bus...

VOTRE CARNET DE VOYAGE

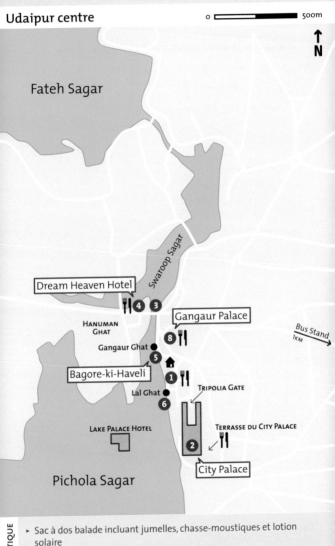

Udaipur centre

0 ⌈━━━━━━━━━⌉ 500m

N

Fateh Sagar

Swaroop Sagar

Dream Heaven Hotel
🍴 **4** **3**

Gangaur Palace

HANUMAN GHAT

8 🍴

Gangaur Ghat ●

Bus Stand
1KM →

Bagore-ki-Haveli

5 🏠

1 🍴

Lal Ghat ●

TRIPOLIA GATE

6

TERRASSE DU CITY PALACE
🍴

LAKE PALACE HOTEL

2

City Palace

Pichola Sagar

◁ LOGISTIQUE

‣ Sac à dos balade incluant jumelles, chasse-moustiques et lotion solaire

PROGRAMME D'ACTIVITÉS

COÛT / 2 PERS.

En avant-midi : Le plus grand et plus beau palais du Rajasthan

1 Régler la chambre d'🏠 **7** (Sug. : réserver l'hôtel à Jodhpur, voir logistique JOUR-18) puis se rendre à la terrasse du 🍴 Lalghat Guest House prendre le petit déj. ; vue sur le Lake Palace Hotel flottant au milieu du lac face...
500Rs

100Rs

2 au City Palace qu'on ira visiter après le petit déj. 📷 Acheter un billet (50Rs) et prendre un audio-guide français très bien fait pouvant s'écouter simultanément par deux personnes (250Rs incluant le prix d'entrée d'une personne). Au sortir de la visite (prévoir 2 heures), prendre un apéro à la terrasse face au City Palace.
300Rs

175Rs

3 Se rendre 🚶 de l'autre côté du lac par le pont menant au Hanuman Ghat pour...

4 arriver au « roof top » 🍴 du Dream Heaven pour le lunch ; admirer encore le magnifique City Palace et le Lake Palace, ancienne résidence d'été du Maharaja.
140Rs

En après-midi : Promenade en pédalo sur le Lac Pichola

5 Revenir 🚶 sur la rive est du Pichola Sagar visiter au passage la plus belle haveli d'Udaipur, Bagore-ki-Haveli transformée en musée ; prévoir 30 minutes.
40Rs

6 Poursuivre 🚶 jusqu'à l'embarcadère voisin du Lalghat Guest House **1** pour louer un pédalo (1 h 30 min). Aller admirer la façade du City Palace donnant sur le lac puis faire le tour du Lake Palace Hotel ; romantisme assuré.
▦325Rs

7 Après un rafraîchissement à la chambre, prendre un apéro à la terrasse de l'🏠 et admirer le coucher de soleil.
110Rs

En soirée : Musique et danses traditionnelles du Rajasthan

8 Retourner au Bagore-ki-Harchi **5** pour un spectacle de musique et danses traditionnelles dans un cadre enchanteur (de 19h00 à 20h00) ; 📷 arriver à l'avance pour avoir une bonne place. Dîner ensuite au « roof top » 🍴 du Gangaur Palace. Achat d'eau et de provisions puis retour à l'🏠 **7**.
160Rs

200Rs
100Rs

COÛTS TOTAUX DES ACTIVITÉS DU JOUR-17 **2150Rs**

QUELQUES EXPÉRIENCES

... petit déj. devant le Lake Palace Hotel

... en pédalo face au City Palace

CARNET DE VOYAGE DES AUTEURS

La plus vieille dynastie de l'histoire

Les maharajas Mewar règnent depuis plus de 1400 ans (davantage que la monarchie britannique) et le dernier descendant habite encore une portion du City Palace, une merveille d'architecture. L'histoire de la dynastie des Mewar est parsemée de conquêtes et de drames. À deux reprises, les femmes et les enfants se sont immolés par le feu afin que leurs hommes puissent se battre sans se préoccuper de leur sort ; une nourrice a déjà sacrifié son propre enfant pour sauver l'héritier.

COUTUMES INDIENNES – Le béthel, un fléau

Malheureusement, plusieurs personnes, hommes et femmes, ont en Inde l'habitude de chiquer du béthel. On les reconnaît à leurs dents, leur langue et parfois leurs lèvres rouges, ce qui est bien loin d'être attrayant. En plus, les crachats de béthel tachent les trottoirs et même les murs des monuments. Dégueu ! comme diraient les ados.

VOTRE CARNET DE VOYAGE

Udaipur centre

0 ⊢━━━━━━━━━━ 500m

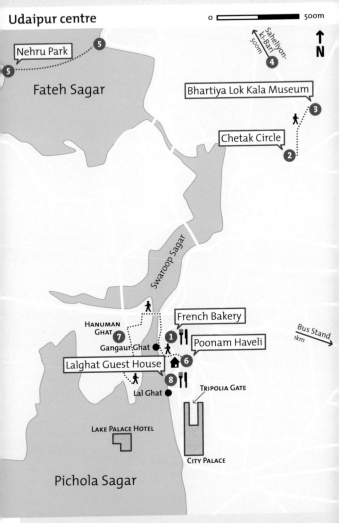

Nehru Park

5

5

Fateh Sagar

Saheliyon-ki-Bari
500m

4

N

Bhartiya Lok Kala Museum

3

Chetak Circle

2

Swaroop Sagar

French Bakery

1

Poonam Haveli

HANUMAN
GHAT

7

Gangaur Ghat

6

Lalghat Guest House

8

Lal Ghat

TRIPOLIA GATE

LAKE PALACE HOTEL

CITY PALACE

Bus Stand
1km

Pichola Sagar

▸ Sac à dos balade incluant eau, jumelles et lotion solaire

PROGRAMME D'ACTIVITÉS

COÛT /
2 PERS.

En avant-midi : Un tour des jardins d'Udaipur

1 Régler la chambre puis aller relaxer en prenant un petit déj. à la French Bakery ; excellents expresso, cappucino et pâtisseries « françaises ». En profiter pour se mettre à jour avec l'actualité en lisant le « Times of India ».

500Rs
200Rs

2 Acheter les boires et les provisions pour un pique-nique. Prendre un autorickshaw pour se rendre au Chetak Circle voir la fontaine et les commerces avoisinants.

100Rs
25Rs

3 Se rendre 🚶 au Bhartiya Lok Kala Museum ; intéressant musée d'art populaire (poupées, masques, bijoux, instruments de musique, etc.) et court spectacle de marionnettes (prévoir 45 minutes).

70Rs

4 Reprendre un autorickshaw pour se diriger au Saheliyon-ki-Bari ; joli petit jardin avec fontaines (actives, sauf en temps de sécheresse) et bassin de lotus (prévoir 30 minutes).

25Rs
10Rs

En après-midi : Pique-nique sur une île-jardin

5 Prendre à nouveau un autorickshaw jusqu'à l'embarcadère Fateh Sagar. Prendre le bateau pour se rendre au Nehru Park, petit jardin botanique où l'on prend le temps de pique-niquer.

25Rs
224Rs

6 Revenir à l'🏠 en autorickshaw pour se rafraîchir.

25Rs

7 Faire une randonnée 🚶 au Gangaur Ghat et au Hamunan Ghat suivie de visites dans les boutiques du quartier Lal Ghat.

En soirée : Coucher de soleil sur le lac Pichola

8 Se rendre à la terrasse 🍴 du Lalghat Guest House prendre une bière. Dîner au resto de son choix. Achat d'eau et de provisions puis retour à l'🏠 **6**.

100Rs
200Rs
100Rs

COÛTS TOTAUX DES ACTIVITÉS DU JOUR-17+ **1604Rs**

QUELQUES EXPÉRIENCES

... à une terrasse d'Udaipur

... collecte des ordures à Udaipur

CARNET DE VOYAGE DE L'AUTEUR

Jardins en manque d'eau

Nous avions vraiment envie de voir des jardins, des plantes et des fleurs. Nous nous sommes donc lancés à l'assaut des jardins d'Udaipur. Cependant, le Rajasthan est une région très aride, l'eau y est rare, et au moment de notre passage, aucune fontaine ne fonctionnait dans les jardins. Un peu décevant, mais très « zen » quand même comme activité.

COUTUMES INDIENNES – Les toits volants

Les immeubles des villes indiennes ont très souvent des toits-terrasses. Des restos s'y installent et offrent des vues magnifiques. On peut voir des familles qui y vivent, des enfants y jouer et, en début de soirée, des dizaines de cerfs-volants y sont lancés.

VOTRE CARNET DE VOYAGE

RISHIKESH (HARIDWAR)
JOUR-25+
JOUR-25++
JOUR-25+++

RETOUR
JOUR-26

DÉPART
JOUR-1

DELHI
JOUR-2
JOUR-3
JOUR-4

BIKANER
JOUR-23
JOUR-24
JOUR-25

AMBER
JAIPUR
JOUR-13
JOUR-14

AGRA
JOUR-11
JOUR-12

JAISALMER
JOUR-20
JOUR-21
JOUR-22

JODHPUR
JOUR-19

PUSHKAR (AJMER)
JOUR-15
JOUR-15+

VARANASI
JOUR-5
JOUR-6

RANAKPUR
JOUR-18

ORCHKA (JHANSI)
JOUR-9
JOUR-10
JOUR-10+

KHAJURAHO
JOUR-7
JOUR-8

UDAIPUR
JOUR-16
JOUR-17
JOUR-17+

INDE

N

▸ Hôtel : Haveli Guest House, Makrana Mohalla, Jodhpur, tél.: 0291-2614615, 500Rs

PROGRAMME D'ACTIVITÉS

COÛT /
2 PERS.

En avant-midi : Paysages et paysans de la région

Aller acheter pain et pâtisseries à la succulente French
Bakery (voir ❶ carte JOUR-17+) et prendre le petit déj. à la
chambre. (Sug. : confirmer la réservation d'hôtel à Jodhpur,
voir logistique.) Fermer la chambre en s'assurant de
partir en autorickshaw avec les bagages à 9h00 ; départ
du 🚌 de la gare routière (voir ❶ JOUR-16) à 9h30, trajet
de 3 heures. Tout en prenant des passagers aux turbans
multicolores, le bus emprunte des portions d'autoroute en
construction et des routes de campagne. Décor intéressant
de collines puis rencontres de paysans exotiques menant
dromadaires, bœufs, troupeaux de moutons ou de chèvres.

60Rs

🖩30Rs
90Rs

En après-midi : Le temple aux quatre visages

Descendre du 🚌 face à un petit resto puis se rendre, avec
les bagages, à l'entrée principale des temples, 30 mètres
avant l'arrêt de 🚌. En entrant, ne pas hésiter à se rendre à
la cafétéria située à gauche, manger à volonté un délicieux
thali (20Rs/pers.). La cafétéria ferme à 13h00 ; si l'on arrive trop tard, prendre une bouchée au petit resto de l'arrêt
de bus. La visite des temples est gratuite ; « camera ticket »
50Rs. Laisser les bagages à la consigne de la billetterie ;
service gratuit, mais laisser un pourboire au retour. Après
la visite (prévoir 1 heure 30 minutes), retourner à l'arrêt
reprendre le 🚌 (avant 15h00) pour Jodhpur. Acheter
des provisions au petit resto. Durée du trajet : 4 heures
d'un plat paysage.

40Rs

50Rs

10Rs

180Rs
60Rs

En soirée : Dîner à la terrasse de hôtel à Jodhpur

Arrivés à Jodhpur, prendre un autorickshaw pour se rendre
à l'🏠 Haveli Guest House (voir ❶ JOUR-19), s'y installer.
Aller dîner à la terrasse du 🍴 de l'🏠 puis revenir à la
chambre prendre un repos bien mérité.

🖩25Rs
🛏500Rs
130Rs

COÛTS TOTAUX DES ACTIVITÉS DU JOUR-18 **1175Rs**

QUELQUES EXPÉRIENCES

... assis à côté du chauffeur, on ne rate rien

... dîner à la terrasse du Haveli Guest House

CARNET DE VOYAGE DE L'AUTEUR

Le temple aux quatre visages

Très impressionnant ce temple aux quatre visages ! Il comprend 1444 colonnes, toutes différentes les unes des autres. Quel beau contrat pour des sculpteurs ! La route qui mène à Ranakpur est intéressante... et affolante puisque c'est une série de lacets dans les montagnes. Ces routes sont peut-être les plus jolies, en autant qu'on a le cœur bien accroché.

COUTUMES INDIENNES – L'omniprésence de la religion

La religion en Inde est d'une grande importance, elle joue un rôle essentiel dans la vie quotidienne des Indiens. On trouve des « Krishna Sweets », des « Ganesh Cottage », on voit des images de dieux dans les autobus, sur les véhicules privés, dans les commerces. Les dieux hindoux sont vraiment partout.

VOTRE CARNET DE VOYAGE

Jodhpur

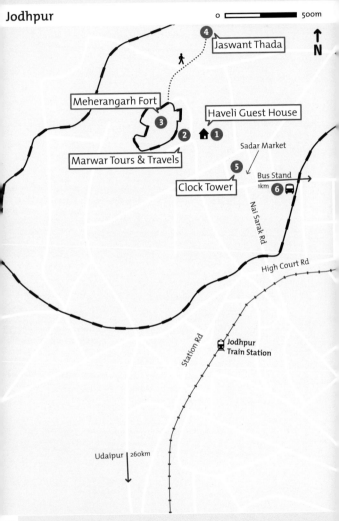

Jaswant Thada ④

Meherangarh Fort ③

Haveli Guest House ①

②

Sadar Market

Marwar Tours & Travels

Clock Tower ⑤

Bus Stand
1km ⑥

Nai Sarak Rd

High Court Rd

Station Rd

Jodhpur
Train Station

Udaipur | 260km

o ▭ 500m

N

LOGISTIQUE

▸ Billets de bus Jodhpur-Jaisalmer : 150Rs/pers., départ à 10h00 le JOUR-20
▸ Billets de train Jaisalmer-Bikaner : no 4703, départ à 11h00 le JOUR-23,
  arrivée à 17h20, classe SL, 160Rs + 60RS/pers.
▸ Sac à dos balade incluant jumelles, lotion solaire et chasse-moustiques
  pour le soir

PROGRAMME D'ACTIVITÉS

COÛT /
2 PERS.

En avant-midi : Meherangarh, le fort majestueux

1 Après un copieux petit déj. sur le « roof top » 🍴 de
l'🏠, régler la chambre pour la prochaine nuit puis
▽ demander une carte touristique à la réception.

150Rs
500Rs

2 Aller au Marwar Eco Cultural Tours & Travels voisin de
l'🏠 réserver les billets de bus pour Jaisalmer et les billets de train Jaisalmer-Bikaner (voir logistique).

300Rs
440Rs

3 Monter 🚶 jusqu'à Meherangarh Fort ; les droits
d'entrée incluent un audio-guide en français. Prévoir
2 heures pour visiter ce majestueux fort comme
l'indique son nom.

500Rs

4 Au sortir du fort, emprunter 🚶 le chemin qui descend
jusqu'au Jaswant Thada, cénotaphe dédié au maharaja
Jaswant Singh II. Prévoir 30 minutes pour visiter ce
monument de marbre blanc (20Rs/pers., 25Rs « camera
ticket »). À l'entrée, on peut prendre un rafraîchissement. Revenir à l'🏠 **1** en autorickshaw.

65Rs
30Rs
🔢35Rs

En après-midi : La tour de l'horloge et son marché

5 Pour le lunch déguster une omelette à l'un des deux 🍴
de la rue porte nord de la Clock Tower. Puis se balader
dans les rues qui regorgent de boutiques et de stands de
vendeurs itinérants ; se perdre dans ces rues tortueuses.

80Rs

Retour à l'🏠**1** pour un massage pour madame et un
rasage suivi d'un massage facial pour monsieur dans le
« barber shop » voisin de l'hôtel. Récupérer et ▽ vérifier
les billets réservés le matin (voir **2**).

350Rs
80Rs

En soirée : Coucher de soleil sur une citadelle

Observer le coucher de soleil du « roof top » de l'🏠 **1** en
prenant un apéro ; le dîner est accompagné d'un spectacle
de musique et de danses folkloriques (pourboire apprécié).
Promenade digestive dans les rues avoisinantes. Achat
d'eau et de provisions puis retour à la chambre.

105Rs
200Rs
50Rs
100Rs

COÛTS TOTAUX DES ACTIVITÉS DU JOUR-19 **2985Rs**

QUELQUES EXPÉRIENCES

... en prenant le petit déj. face au fort majestueux

... en mangeant une omelette au Clock Tower

CARNET DE VOYAGE DE L'AUTEUR

L'indigo, un beau choix de couleur

Il semble qu'en Inde, chaque ville choisisse sa couleur. Ici, c'est l'indigo. Et ma foi, elles sont bien jolies toutes ces taches de la même couleur quand on regarde l'horizon. En plus, le fort est majestueux. On est impressionné par sa hauteur lorsqu'on y pénètre. Bâti en haut d'une falaise de pierre, il en est le prolongement puisque c'est cette pierre qui a servi à sa construction et le coup d'œil est tout à fait remarquable.

COUTUMES INDIENNES – Des tarifs pour touristes

Sur les sites touristiques, il n'est pas rare de voir que deux prix sont affichés : un pour les Indiens et un autre – jusqu'à 25 fois plus élevé – pour les touristes étrangers, prix qui demeurent tout à fait raisonnables si on compare à d'autres sites dans le monde. Plusieurs sites sont en cours de restauration et il est réjouissant de constater que les autorités indiennes se préoccupent du patrimoine national.

VOTRE CARNET DE VOYAGE

o ▭▬▬ 50m

↑
N

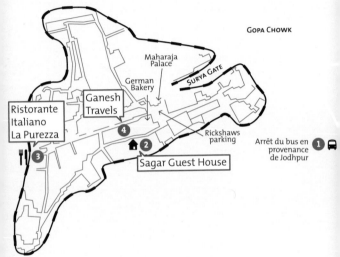

GOPA CHOWK

Maharaja
Palace

SURYA GATE

German
Bakery

Ganesh
Travels

Ristorante
Italiano
La Purezza

Rickshaws
parking

4

3

🏠 **2**

Sagar Guest House

Arrêt du bus en **1** 🚌
provenance
de Jodhpur

DÉSERT DU THAR

LOGISTIQUE

▷ ▸ Safari : Ganesh Travels, Behind Jain Temple, tél.: 0299-2250138 ;
prendre le safari qui démarre à 14h00 le JOUR-21 avec la visite
de trois villages. Fin de la balade vers 20h00, retour vers 21h30.
550Rs/pers., 2 pers. min., 8 pers. max.
▸ Hôtel : Sagar Guest House, Inside Fort, Jaisalmer, tél.: 0299-
2256248 ; 🏨 500Rs

PROGRAMME D'ACTIVITÉS   COÛT /
                                                              2 PERS.

En avant-midi : Dans le désert du Thar

Jodhpur, se lever tôt, prendre le petit déj. sur le « roof top »   100Rs
 de l'🏠, fermer la chambre . Se rendre en autorickshaw   35Rs
à la gare de 🚌 (voir ❻ carte JOUR-19) 🚦 pour 9h45 afin
de prendre le 🚌 vers Jaisalmer (voir logistique JOUR-19).
Bagages en soute : 10Rs/valise. La route, en bon état,   20Rs
traverse une contrée de plus en plus aride à mesure que
se déroule ce voyage de 6 heures. Sur notre passage, en
plus des carrières de pierres ocres utilisées par les paysans
pour fabriquer les murs de leur hutte et leurs clôtures, on
aperçoit des terres arides qui, grâce à l'irrigation,
produisent des plants de canola, de ricin, etc. L'animal de
trait c'est le plus souvent le dromadaire, appelé ici
« camel ». Se ravitailler aux arrêts de 🚌.   100Rs

En après-midi : Arrivée à la cité dorée

❶ À l'arrivée du bus à Jaisalmer, prendre un autorickshaw   20Rs
pour se rendre à l'intérieur de la forteresse.

❷ De là, aller 🚶 au Sagar Guest House puis s'y installer.   400Rs
Monter à la terrasse du toit pour l'apéro tout en re-   110Rs
gardant les enfants jouer avec des cerfs-volants sur les
toits avoisinants. Au loin, on aperçoit le désert du Thar
ainsi qu'une forêt d'éoliennes qui alimentent en électricité la base militaire indienne ; on est à la frontière
du Pakistan.

En soirée : Découverte de l'architecture des haveli

❸ Se rendre 🚶 🚦 pour le coucher de soleil dîner au   200Rs
« roof top » 🍴 du Ristorante Italiano La Purezza.

❹ Balade 🚶 dans les ruelles de la plus vivante des cita-
delles rajasthani ; ses haveli aux dentelles de pierre
sont à couper le souffle. Au passage, aller réserver le   1100Rs
safari pour le lendemain chez Ganesh Travels; prévoir   50Rs
acheter des biscuits que l'on distribuera aux enfants
lors de la visite prévue des villages (voir logistique).
Retour à l'🏠 ❷ pour un repos bien mérité.

COÛTS TOTAUX DES ACTIVITÉS DU JOUR-20   **2135Rs**

QUELQUES EXPÉRIENCES

... avec les Rajasthani dans le bus

... apéro sur un toit à Jaisalmer

CARNET DE VOYAGE DE L'AUTEUR

Vivre dans une forteresse

À Jaisalmer, on vit carrément dans la forteresse, on se promène dans ses minuscules ruelles. À chaque porte, un commerce : hôtel, restaurant, échoppe, café Internet, etc. Les conducteurs d'autorickshaw sont épouvantablement harcelants mais heureusement, les autorités de la ville leur interdisent d'aller plus loin que l'entrée de la forteresse... ce qui laisse la place libre aux vendeurs de toutes sortes. Gardons le sourire ; on leur dit qu'on reviendra demain et on a la paix... jusqu'au lendemain.

COUTUMES INDIENNES – La poussière

En saison sèche, plusieurs fois par jour, les gens étendent un peu d'eau devant leur maison ou leur commerce afin d'éviter que la poussière ne se soulève. Au passage, attention à la douche! Cette poussière colorée a parfois une odeur...

VOTRE CARNET DE VOYAGE

Jaisalmer centre

0 ▭▭▭▭ 50m

↑ N

Départ du safari
et kioske de fruits

GOPA CHOWK

Maharaja Palace Rajmahal

German Bakery

Ganesh Travels

Surya Gate

Rickshaws parking

Sagar Guest House

Jaina temples

DÉSERT DU THAR

LOGISTIQUE

▸ Pour le safari : sac à dos balade incluant chapeau, protection
  solaire, vêtements chauds pour la soirée dans le désert ainsi
  qu'un litre d'eau par personne
▸ Les collations pour les enfants des villages visités peuvent être
  laissées dans la jeep

PROGRAMME D'ACTIVITÉS

COÛT /
2 PERS.

En avant-midi : Les temples Jaina de pierres sculptées

1 Régler la chambre et prendre le petit déj. à la German Bakery. Retourner à l'🏠 **4** pour se rafraîchir.

400Rs
100Rs

2 Se rendre visiter Rajmahal (palais du maharaja) ; 250Rs/pers., audio-guide en français inclus, prévoir 1 heure.

500Rs

3 Aller visiter les temples Jaina du fort de Jaisalmer ; 20Rs/pers. + « camera ticket » 50Rs, prévoir 1 heure 30 min.

90Rs

4 Prendre le lunch au 🍴 de l'🏠 avant...

190Rs

En après-midi : Dans le désert du Thar

5 de se rendre (voir logistique JOUR-20) pour 14h00 au Ganesh Travels pour le départ du safari. Apporter les biscuits achetés la veille et au passage, acheter des fruits (bananes) pour une cinquantaine d'enfants au kiosque près du point de rencontre pour le safari. En route, visite de trois villages : l'un de « gipsys » (là où l'on voit l'extrême pauvreté), l'autre est le village de notre chauffeur Imet qui nous présente sa famille, ses amis et le troisième village est celui du propriétaire du Ganesh Travels, Sebastian, qui y fait vivre 25 chameliers et leur troupeau de 50 chameaux. Balade en « camel » au milieu des dunes jusqu'au coucher de soleil. Demander aux chameliers d'interpréter leurs chansons ancestrales ; un enchantement dans le silence du désert. Nos hôtes nous préparent le repas. Il est étonnamment bon ; chai, chapatis, riz et légumes. L'ambiance se prête bien à la conversation. Leur demander de chanter pendant que l'on observe le clair de lune ; expérience inoubliable ! Prévoir un pourboire de 50Rs par chamelier.

100Rs

100Rs

En soirée : Retour du désert en chansons

6 Retour en jeep (52 km), sur une route bien entretenue par l'armée. Demander à Imet de chanter son pot-pourri. Prévoir un pourboire pour Imet. L'arrêt se fait obliga-toirement au « parking » de la Surya Gate. Quelle belle expérience ! Achat d'eau et de provisions retour à l'🏠.

75Rs

50Rs

COÛTS TOTAUX DES ACTIVITÉS DU JOUR-21   **1605Rs**

QUELQUES EXPÉRIENCES

... en « camel » indien

... en regardant nos hôtes
préparer le dîner dans le désert

CARNET DE VOYAGE DE L'AUTEUR

Un « camel » safari dans le silence du désert

Nous avons chevauché nos hautes montures pour un petit galop au milieu des dunes. En fait, les « camels » sont des dromadaires. Les dunes du Thar, désert qui relie le Rajasthan au Pakistan, sont étroites mais ont quelques kilomètres de long. Elles ne ressemblent pas tout à fait à ce que l'on s'imagine du désert ; il y a quelques villages et, on ne sait par quel miracle, un peu de végétation. Le silence du désert est impressionnant. Belle expérience!

COUTUMES INDIENNES – Les sadhu

Il y aurait 7 millions de sadhu en Inde. Acètes, ils ont renoncé aux biens matériels et aux responsabilités familiales afin de se consacrer totalement à une quête spirituelle. Les 3 raies à leur front représentent le rejet de l'égoïsme, du désir et de l'illusion.

VOTRE CARNET DE VOYAGE

Jaisalmer

0 ▭▭▭▭ 200m

↑
N

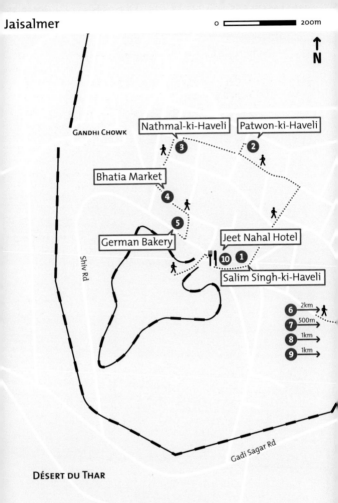

GANDHI CHOWK

Nathmal-ki-Haveli **3**

Patwon-ki-Haveli **2**

Bhatia Market **4**

5

German Bakery

Shiv Rd

Jeet Nahal Hotel

🍴 **10** **1**

Salim Singh-ki-Haveli

6 2km 🚶
7 500m →
8 1km →
9 1km →

Gadi Sagar Rd

DÉSERT DU THAR

LOGISTIQUE

▸ Sac à dos balade incluant jumelles et lotion solaire
▸ Billets de train Bikaner-Delhi : no 5610, départ de Lalgarh Station
  à 19h40 le JOUR-25, arrivée à Old Delhi Station à 7h20 le JOUR-26
  ou JOUR-25+pour ceux qui vont à Rishikesh, classe 3A, 690Rs/pers.
▸ Trouver un ATM ; Sug. : 15 000Rs

PROGRAMME D'ACTIVITÉS

COÛT / 2 PERS.

En avant-midi : Haveli merveilleusement ouvragés

❶ Petit déj. à la German Bakery (voir ❶ carte JOUR-21). Régler la chambre avant d'entreprendre une balade 🚶 à l'extérieur du fort en se rendant à la Salim Singh-ki-Haveli (15Rs/pers., « camera ticket » 15Rs ; prévoir 20 min). — 100Rs / 400Rs / 45Rs

❷ Au passage, admirer les merveilleux immeubles ouvragés jusqu'à l'impressionnante Patwon-ki-Haveli ; deux droits d'entrée de 50Rs/pers. pour deux parties de musée distinctes. — 200Rs

❸ Poursuivre la visite au Nathmal-ki-Haveli (entrée libre, prévoir pourboire), observer la vie simple des gens vivant dans ces merveilleux immeubles. — 20Rs

❹ Se diriger 🚶 jusqu'à la rue Bhatia Market, l'emprunter vers l'est. 🍴 Choisir les échoppes les plus achalandées et les plats les plus demandés pour y essayer des amuse-gueule. — 50Rs

En après-midi : Balade hors de la forteresse

❺ Prendre le temps d'un arrêt mérité à l'autre German Bakery pour y déguster café et pâtisseries. — 75Rs

❻ Passer à la gare 🚉 acheter les billets pour Bikaner-Delhi (voir logistique). — 1380Rs

❼ Continuer au Desert Culture Centre & Museum (20Rs/pers., caméra inutile) donnant droit également au musée suivant,... — 40Rs

❽ le Jaisalmer Folklore Museum. (prévoir 15 min.)

❾ Louer un pédalo (100Rs/30min) sur l'ancien réservoir d'eau de la ville (Gadi Sagar) pour admirer les temples et l'architecture de ses bâtiments. Se balader 🚶 sur ses ghats jusqu'au coucher de soleil qu'on admire de la colline adjacente au Folklore Museum ❽. Revenir au point ❼ pour le spectacle de marionnettes à 18h30 ; durée 40 min. — 100Rs

En soirée : Dîner face de la forteresse

❿ Retourner 🚶 vers le fort par la même rue marchande. Admirer les murailles éclairées du fort en prenant un apéro et le dîner au 🍴 du Jeet Mahal Hotel. Acheter eau et victuailles puis retour 🚶 à l'🏠. — 100Rs / 300Rs / 100Rs

COÛTS TOTAUX DES ACTIVITÉS DU JOUR-22 **2910Rs**

QUELQUES EXPÉRIENCES

... à la German Bakery

... en visitant une haveli

CARNET DE VOYAGE DE L'AUTEUR

Quelle merveille ces haveli !

Jaisalmer compte un bon nombre de ces habitations qu'on appelle ici « haveli ». Ce terme désigne des maisons ouvragées dont les murs extérieurs et les balcons ressemblent à de la dentelle et dont les pièces intérieures sont souvent ornées de dessins joliment colorés. Nous avons vu certaines maisons en construction qui semblaient offrir la même recherche esthétique ; le phénomène perdurerait donc. Bonne nouvelle car elles sont fort jolies ces habitations !

COUTUMES INDIENNES – Piercings et bedaines

Les jeunes occidentales pensent peut-être avoir inventé les modes « piercings » et « bedaines », mais en Inde, c'est une longue tradition chez les femmes de tout âge. Certains « piercings » soutiennent des parures élaborées.

VOTRE CARNET DE VOYAGE

....
....
....
....
....
....
....
....
....
....
....
....
....
....
....
....
....
....
....
....
....
....
....
....
....
....
....

Bikaner centre

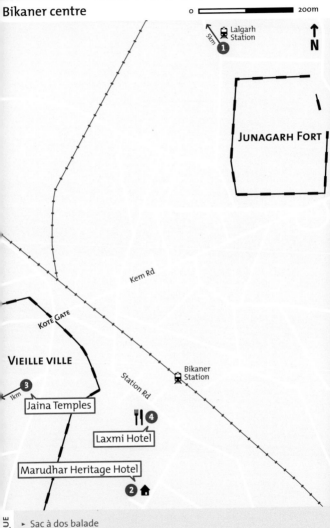

0 |▬▬▭▭▬▬| 200m

↑ N

Lalgarh Station
5km
1

Junagarh Fort

Kem Rd

Koté Gate

Vieille ville

Bikaner Station

3
1km

Jaina Temples

Station Rd

🍴 **4**

Laxmi Hotel

Marudhar Heritage Hotel

2 🏠

◇ LOGISTIQUE

▸ Sac à dos balade
▸ Hôtel : Marudhar Heritage, Near Railway Station, Bikaner, tél.: 0151-2522524, 350Rs

PROGRAMME D'ACTIVITÉS

COÛT /
2 PERS.

En avant-midi : Adieu à Jaisalmer

Jaisalmer, fermer la chambre pour 9h00 puis laisser les bagages à la consigne de l'🏠. Prendre le petit déj. habituel à la German Bakery (voir ❶ carte JOUR-21). Acheter des victuailles et de l'eau pour le voyage en train. Récupérer les bagages et prendre un autorickshaw avant 10h00 pour se rendre à la gare ferroviaire. Le train pour Bikaner (no 4703) démarre à 11h00 (voir logistique JOUR-19).

100Rs
80Rs

🧮20Rs

En après-midi : Traversée du désert... en train

❶ Arrivée prévue à 17h20 à la station Lalgarh (5km du centre-ville de Bikaner). Prendre un autorickshaw...

🧮40Rs

❷ pour se rendre à l'hôtel Marudhar Heritage (voir logistique). S'enregistrer rapidement puis déposer les bagages dans la chambre pour...

🧮350Rs

En soirée : Promenade dans la vieille ville emmurée

❸ aller se promener 🚶 dans les ruelles de la vieille ville, encore plus animées à la tombée du jour. Se rendre jusqu'aux temples Jaina. Remarquer les haveli de grès rouge, plus défraîchies que celles de Jaisalmer, mais tout de même remarquables. Au passage, déguster les spécialités locales 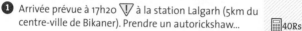 dans les échoppes les plus achalandées.

40Rs

❹ Après avoir admiré les temples Jaina et les avoir visités s'ils sont ouverts, prendre un autorickshaw jusqu'au 🍴 du Laxmi Hotel ouvert sur la rue. Prendre un dîner cuisiné devant les clients. 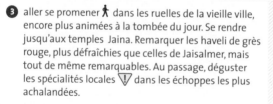 Si on opte pour aller à Rishikesh, passer à un ATM de la Station Rd (Sug. : 15 000Rs). Retour 🚶 à l'🏠 en achetant de l'eau et des provisions pour le petit déj.

🧮15Rs
150Rs

100Rs

COÛTS TOTAUX DES ACTIVITÉS DU JOUR-23 **895Rs**

QUELQUES EXPÉRIENCES

... vieilles dames dans la vieille ville

... en goûtant les spécialités régionales

CARNET DE VOYAGE DE L'AUTEUR

De belles promenades

Décidément, il est agréable de se promener dans les ruelles animées des marchés indiens. Aux deux pas, un commerce, une boutique, un vendeur ambulant. Bien qu'un peu hésitants au début, nous osons maintenant goûter à certaines spécialités locales ; certaines que nous apprécions, d'autres pour lesquelles nous ne récidiverons pas. À 5 ou 10Rs chacune, le risque n'est pas très élevé. Même si nous précisons toujours « not spicy », nous nous retrouvons parfois la bouche en feu.

COUTUMES INDIENNES – Des animaux décorés

Non seulement les Indiens et les Indiennes se parent de nombreux bijoux, ils décorent aussi leurs moyens de transport - bœufs, autorickshaws, chameaux, etc. - de pompons, rubans et autres babioles.

VOTRE CARNET DE VOYAGE

Bikaner centre

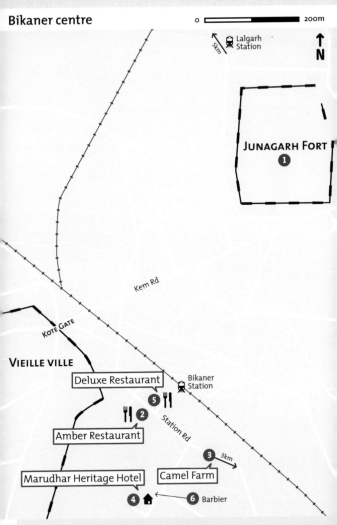

0 |————————| 200m

Lalgarh Station
5km

N

JUNAGARH FORT
1

Kem Rd

KOTE GATE

VIEILLE VILLE

Deluxe Restaurant
5

Bikaner Station

Amber Restaurant
2

Station Rd

Marudhar Heritage Hotel

Camel Farm
3 3km

4 🏠

6 Barbier

LOGISTIQUE

▸ Sac à dos balade incluant lotion solaire, eau et jumelles

PROGRAMME D'ACTIVITÉS

COÛT /
2 PERS.

En avant-midi : Une forteresse aux superbes couleurs

1 Après le petit déj. à la chambre, régler l'🏠. Se diriger 🚶 vers Junagarh Fort en empruntant les rues commerçantes Station Rd puis Kem Rd. Les intérieurs des palais du fort sont parmi les plus beaux de l'Inde et les peintures dorées, spécialités de la région, sont très raffinées. Le prix d'entrée (150Rs) comprend un guide obligatoire ; le « camera ticket » est de 50Rs. La visite se fait au pas de course. ⚠️ Ne pas hésiter à retourner dans les plus belles salles par ses propres moyens. Prévoir 2 heures pour la visite incluant un rafraîchissement dans le joli jardin du musée. Retour 🚶 sur Station Rd.

350Rs

350Rs

40Rs

En après-midi : Visite du National Research on Camel

2 Prendre un lunch au 🍴 Amber, cuisine végétarienne.

150Rs

3 Après un rafraîchissement à l'🏠, prendre (⚠️ avant 15h00 en hiver, sinon 16h00) un autorickshaw pour se rendre au « Camel Farm ». Négocier un forfait (se faire aider par l'hôtelier) pour se rendre à la ferme puis revenir après une visite d'au moins une heure ; 20Rs/pers., « camera ticket » 20Rs. Expérience unique avec plus de 300 chameaux, mâles et femelles. On peut assister à une séance de dressage sauf en période de rut (en février).

🧮100Rs

60Rs

4 Retour et rafraîchissement à l'🏠.

En soirée : Promenade dans les marchés

5 Aller dîner au 🍴 Deluxe, qui n'a de luxe que le nom. Ce resto propose des mets végétariens ainsi que des glaces. Avant le retour à l'🏠, promenade digestive dans les ruelles de la vieille ville en achetant des provisions et de l'eau pour le petit déj.

150Rs

40Rs

6 Monsieur peut aller se faire raser chez le barbier, unilingue hindi, voisin de l'🏠 ; conversation avec signes et images.

20Rs

COÛTS TOTAUX DES ACTIVITÉS DU JOUR-24 **1260Rs**

QUELQUES EXPÉRIENCES

... à Junaghar Fort avec le guide

... un bébé « camel » avec sa mère

CARNET DE VOYAGE DE L'AUTEUR

Des «camels» encore des camels

Jamais nous n'avions vu tant de dromadaires ou « camels » à la fois. Plus de 300 bêtes arrivent du désert à chaque jour à la ferme expérimentale. Les scientifiques en profitent pour les soigner, les vacciner et s'assurer de leur saine reproduction.

COUTUMES INDIENNES – Pas de tendresse en public

Les touristes doivent éviter les échanges de tendresse en public ; les témoins indiens en seraient mal à l'aise. Même au cinéma indien, jamais de baisers entre les comédiens ; la caméra se détourne pudiquement lorsqu'ils sont suggérés. Par contre, il n'est pas rare de voir sur la rue deux hommes se tenir par le cou en « signe d'amitié ».

VOTRE CARNET DE VOYAGE

Bikaner centre

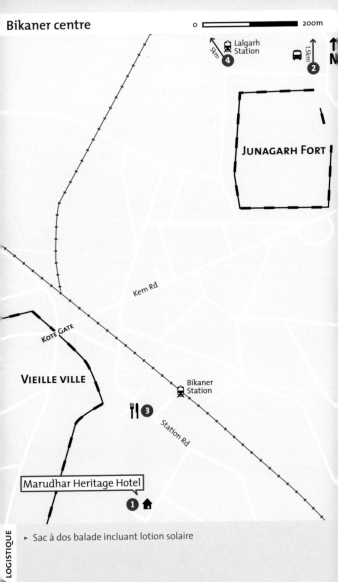

0 ▭▭▭▭ 200m

Lalgarh Station
5km
④

🚌 1.5km
②
N

JUNAGARH FORT

Kem Rd

KOTE GATE

VIEILLE VILLE

Bikaner Station

🍴 ③

Station Rd

Marudhar Heritage Hotel
① 🏠

▸ Sac à dos balade incluant lotion solaire

PROGRAMME D'ACTIVITÉS

COÛT /
2 PERS.

En avant-midi : Visite du Karmi Mata, le temple aux rats

1 Grasse matinée et petit déj. à la chambre. Fermer la chambre et mettre les bagages à la consigne de l'🏠.

2 ⚠️ Phobiques des rongeurs, s'abstenir de la prochaine activité et prévoir du temps libre jusqu'à l'activité **3**. Prendre un autorickshaw jusqu'à la gare de 🚌 ; deux départs l'heure pour Deshnok où se trouve le temple aux rats. Prévoir 2 heures 30 minutes pour la visite du temple (gratuite, mais déconcertante), incluant le transport. Le 🚌 laisse les voyageurs à 1 km du temple ; prendre un autorickshaw pour s'y rendre. Après la visite, revenir à Bikaner dans un jeep collectif qui prend les passagers à la grande place face au temple. On peut s'y procurer des rafraîchissements et prendre une bouchée. Arrivés à Bikaner, prendre à nouveau un autorickshaw pour revenir...

15Rs
38Rs

15Rs
40Rs

80Rs
30Rs

En après-midi : Adieu à Bikaner

3 au centre-ville. Choisir un 🍴 pour y prendre un copieux lunch. Reprendre ses bagages à l'🏠 **1**, ne pas oublier d'acheter eau et provisions pour le voyage en train (durée 12 heures).

180Rs

100Rs

En soirée : Départ en train pour Delhi

4 Se rendre en autorickshaw à la Largarh Station 🚆. pour 19h15 (voir logistique JOUR-22).

40Rs

COÛTS TOTAUX DES ACTIVITÉS DU JOUR 25 **538Rs**

QUELQUES EXPÉRIENCES

... au temple aux rats

... échanges dans le train de nuit

CARNET DE VOYAGE DE L'AUTEUR

Des souris et des hommes!

Nous sommes allés visiter le temple Karni Mata, dédié aux rats. Des centaines de rongeurs sacrés (des souris plutôt que des rats...quand même) circulent librement dans le temple et les fidèles leur font des offrandes. Si l'un de ces animaux sacrés passe sur vos pieds, c'est de bon augure. Nous avons été suffisamment chanceux pour que ça ne nous arrive pas. Attention: on dit que si un de ces « rats » est tué, il doit être remplacé par un « rat » en or solide!

COUTUMES INDIENNES – La langue commune: l'anglais

Lorsque les Indiens échangent entre eux, ils parlent l'hindi ou leur langue régionale, puis peuvent changer pour l'anglais dans le milieu de la conversation. L'anglais est la langue la plus universellement utilisée sur ce « presque-continent ». Il n'est pas rare de rencontrer des Indiens parlant trois langues... en plus de toutes celles qu'ils baragouinent pour faire des affaires.

VOTRE CARNET DE VOYAGE

Rishikesh

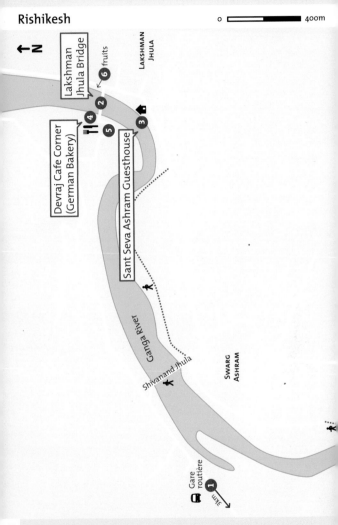

o ▭▬▬ 400m

← N

Lakshman Jhula Bridge

Devraj Cafe Corner (German Bakery)

Sant Seva Ashram Guesthouse

fruits

LAKSHMAN JHULA

Ganga River

Shivanand Jhula

SWARG ASHRAM

Gare routière
3km

▷ LOGISTIQUE

► Hôtel de Rishikesh : Sant Seva Ashram Guesthouse, Lasksman Jhula, tél.: 0135-2430465

PROGRAMME D'ACTIVITÉS

COÛT /
2 PERS.

En avant-midi : En route vers Rishikesh

Arrivée à la gare de Old Delhi, se rendre directement au Kashmiri Gate 🚌 Stand (voir carte Delhi, JOUR-3) en 🚴. Sur les quais, demander le 🚌 direct pour Rishikesh ; départ aux 30 minutes, durée 7 heures. Le billet s'achète dans le 🚌 (arrêts prévus pour le ravitaillement).

40Rs

280Rs
100Rs

En après-midi : Arrivée à Rishikesh, capitale du yoga

1 Arrivée à la gare routière des 🚌 de Rishikesh, négocier un l'autorickshaw pour se rendre à...

50Rs

2 ⚠️ l'arrêt obligatoire à 150 mètres du pont suspendu de Lakshman Jhula.

3 Descendre 🚶 la route avec les bagages, prendre les marches menant au pont, le traverser pour se rendre à l'🏠 Sant Seva Ashram Guest House 150 mètres plus loin. Demander une chambre avec balcon et une vue sur le Gange ; s'enregistrer.

400Rs

En soirée : Dîner dans un café surplombant le Gange

4 Revenir et retraverser le pont **2** pour aller dîner au 🍴 Devraj Cafe Corner (German Bakery) qui offre des plats occidentaux succulents.

200Rs

5 Si l'on a suffisamment d'énergie, aller flâner dans les boutiques de la rive ouest sinon ...

6 revenir sur la rive est pour rentrer à l'🏠 **3**. Acheter des fruits et de l'eau pour le petit déj. du lendemain.

60Rs

COÛTS TOTAUX DES ACTIVITÉS DU JOUR 25+ **1130Rs**

QUELQUES EXPÉRIENCES

... sur le pont suspendu

... sur le balcon de la chambre

CARNET DE VOYAGE DE L'AUTEUR

Châteaux de bouses de vache

La route menant à Rishikesh traverse un secteur agricole. Depuis le début du voyage, nous avions vu à plusieurs reprises des bouses de vaches empilées les unes sur les autres formant des monticules (châteaux) qui peuvent même être esthétiques. Ici, ces monticules font légion et ils atteignent parfois pratiquement la hauteur des huttes des fermiers. Impressionnant !

COUTUMES INDIENNES – Les conducteurs de bus

Souvent pieds nus, les conducteurs de bus doivent s'accommoder de véhicules parfois plutôt brinquebalants. Pour nous Occidentaux, leur conduite relève davantage de la course automobile que de la sécurité la plus élémentaire. Les conducteurs doivent aussi effectuer les réparations mécaniques de leur véhicule.

VOTRE CARNET DE VOYAGE

Rishikesh

0 ▭▭▭▭▭ 400m

← N

LAKSHMAN JHULA

Shri Trayanbakshwar Temple

Devraj Cafe Corner (German Bakery)

Sant Seva Ashram Guesthouse

Ganga River

Shivanand Jhula

SWARG ASHRAM

Beatles' Ashram

200m

Gare routière

3km

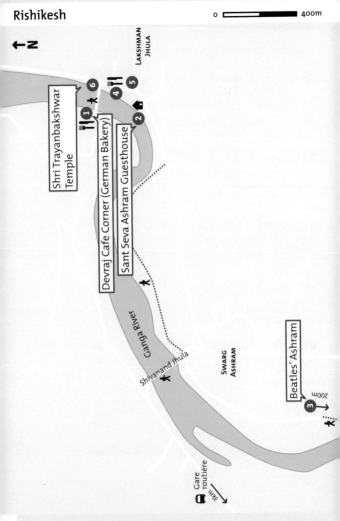

⚠ LOGISTIQUE

► Sac à dos balade incluant jumelles, bouteille d'eau et lotion solaire

PROGRAMME D'ACTIVITÉS

COÛT /
2 PERS.

En avant-midi : Agréable randonnée dans Rishikesh

1 Aller se ravitailler à la German Bakery, et prendre le petit déj. sur le balcon en admirant le Gange. — 60Rs

2 À la réception de l'🏠, régler la chambre puis réserver une séance de massage pour 17h00 (350Rs/pers.). — 400Rs

3 Entreprendre 🚶 une jolie balade (voir parcours sur la carte) menant au paisible ashram où les Beatles ont séjourné à la fin des années 60 pour aller rencontrer le yogi Maharishi Mahesh.

En après-midi : Vue en plongée sur le Gange

4 Après s'être rafraîchis à l'🏠 **2**, aller prendre le lunch à la terrasse du 🍴 Lucky Restaurant, au bord du Gange. — 160Rs

5 Se rendre à l'agence Adventure Innovators pour réserver l'excursion de rafting du lendemain : 17 km sur le Gange, départ à 10h00, retour à 14h00 ; 400Rs/pers. — 800Rs

6 Se rendre 🚶 au temple Shri Trayanbakshwar ; laisser ses chaussures à la consigne et monter les 13 étages. Beau point de vue du quartier Lakshman Jhula et des montagnes entourant le Gange. — 5Rs

Se rendre à la séance de massage donnée juste en face de la réception de l'🏠 **2**. Retourner à la chambre, admirer le coucher de soleil tout en assistant du balcon à la cérémonie religieuse qui se déroule sur le ghat adjacent. — 700Rs

En soirée : Dîner à l'italienne

Se rendre au 🍴 Italian Restaurant (près du point **5**) qui offre une carte étoffée de mets italiens. Faire une balade digestive, prévoir de l'eau et des fruits pour le petit déj. — 200Rs / 60Rs

COÛTS TOTAUX DES ACTIVITÉS DU JOUR 25++ **2385Rs**

QUELQUES EXPÉRIENCES

... devant l'Ashram des Beatles

... promenade au bord du Gange

CARNET DE VOYAGE DE L'AUTEUR

Beatles' Mania

En 1968, les Beatles passent deux mois à Rishikesh pour s'initier à la méditation transcendantale. Les vieux nostalgiques que nous sommes ne pouvaient passer en ces lieux sans aller faire un tour à ce dit Ashram connu sous le nom de « Beatles'Ashram ». Un ashram serait un lieu pour se ressourcer en spiritualité, un lieu de retraite méditative. Il semble que la méditation soit bonne pour la santé puisque le Maharishi Mahesh, le Yogi que les Beatles ont rencontré, est décédé en février 2008 à l'âge plus que vénérable de 91 ans.

COUTUMES INDIENNES – 250 millions de cellulaires

Il y a maintenant davantage de numéros de téléphone en Inde qu'aux États-Unis, soit 250 millions. Le nombre de cellulaires augmente de 8,5 millions chaque mois! Le prix de l'appareil et de son utilisation est très faible. Ne pas s'étonner de voir un conducteur de charrette à bœuf utilisant un cellulaire!

VOTRE CARNET DE VOYAGE

Rishikesh

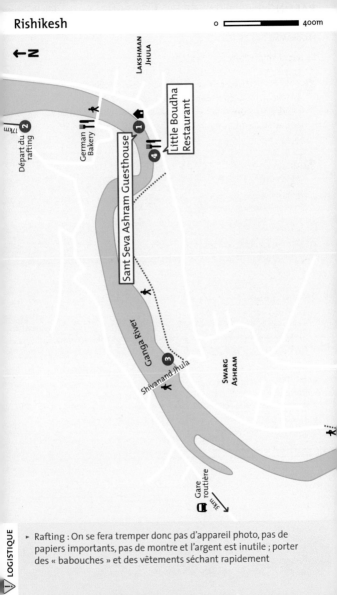

0 ▭ 400m

←N

LAKSHMAN JHULA

Little Boudha Restaurant

1

4

17 km **2**

Départ du rafting

German Bakery

Sant Seva Ashram Guesthouse

Ganga River

3

Shivanand Jhula

SWARG ASHRAM

Gare routière

3 km

△ LOGISTIQUE

▸ Rafting : On se fera tremper donc pas d'appareil photo, pas de papiers importants, pas de montre et l'argent est inutile ; porter des « babouches » et des vêtements séchant rapidement

PROGRAMME D'ACTIVITÉS

COÛT /
2 PERS.

En avant-midi : Rafting sur le Gange

1 Petit déj. (pâtisseries de la German Bakery obligent) sur le balcon de la chambre d'🏠. Régler la chambre puis se rendre ▽ pour 9h45 au rendez-vous convenu la veille soit en face du bureau de l'agence (voir point **5** carte JOUR-25++).

60Rs
400Rs

2 Un guide regroupe les participants (6 à 8) jusqu'au jeep et les amène au point de départ du rafting ; expérience excitante mais sécuritaire (17 km, voir logistique).

En après-midi : Séance de yoga

3 Sur demande, l'excursion de rafting peut se terminer près du pont Shivanand Jhula. Prendre 🚶 la piste (voir carte) longeant le Gange et menant vers l'🏠 **1**.

4 Aller prendre le lunch au 🍴 Little Boudha. Retourner à l'hôtel pour la séance de yoga de l'🏠 **1** (16h30 à 18h00 ; 100Rs/pers.). Puis, du balcon de la chambre d'hôtel, on assiste au concert et à la cérémonie religieuse sur le Gange.

150Rs
200Rs

En soirée : Adieu à Rishikesh

Rishikesh offre plusieurs bons restaurants ; en choisir un pour ce dernier repas dans cette ville agréable. Acheter eau et provisions pour le lendemain.

200Rs
50Rs

COÛTS TOTAUX DES ACTIVITÉS DU JOUR 25+++ **1060Rs**

QUELQUES EXPÉRIENCES

... rafting sur le Gange

... les rapides du Gange

CARNET DE VOYAGE DE L'AUTEUR

Gange et montagnes

La chaîne de l'Himmalaya n'est pas trop loin de Rishikesh et le Gange est entouré de montagnes, ce qui rend le paysage très impressionnant. Comme Rishikesh est une ville sainte, il est impossible d'y trouver de l'alcool ou de la viande ; par contre, le haschish se vend à tous les coins de rue et se fume allègrement dans les cafés, pour nous pas touche...

COUTUMES INDIENNES – Les mathématiques indiennes

Au Ve siècle, les Indiens ont inventé le zéro qui fut par la suite importé par les Arabes en Occident. Comme nous, ils utilisent les dizaines, les centaines, les milliers, les millions et les milliards, mais ils utilisent aussi les lacks (1 lack=100 000) et les scrores (1 score=10 000 000). Bonne lecture des journaux indiens!

VOTRE CARNET DE VOYAGE

Paharganj

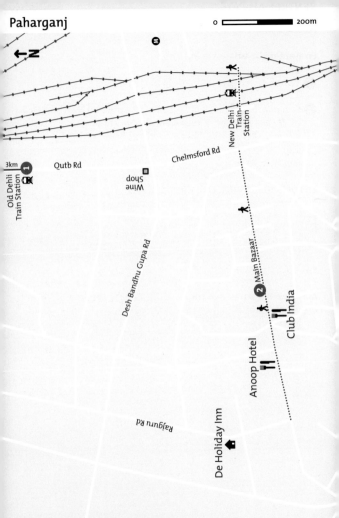

0 ▭▭▭ 200m

N

❸

Qutb Rd

Chelmsford Rd

3km ❶
Old Dehli Train Station

New Delhi Train Station

Wine Shop

Desh Bandhu Gupa Rd

❷ Main Bazaar

Club India

Anoop Hotel

Rajguru Rd

De Holiday Inn

⩗ LOGISTIQUE
▸ Sac à dos balade incluant lotion solaire

PROGRAMME D'ACTIVITÉS POUR CEUX QUI NE VONT PAS À RISHIKESH   COÛT / 2 PERS.

En avant-midi : Arrivée à Delhi

1 Vers 7h20, arrivée à la station Old Delhi.

2 Se rendre en 🚴 au Main Bazaar Rd pour se trouver un 🏠 pour la soirée. S'enregistrer, s'installer puis se rafraîchir. Réserver le taxi (⚠️ exiger un reçu) pour se rendre à l'aéroport ⚠️ au moins 3 heures avant le départ de l'avion.

⊞ 40Rs
⊞ 350Rs
⊞ 230Rs

En après-midi : Adieu Delhi, adieu Inde

Delhi n'est plus une inconnue, on peut se rendre dans les boutiques de son choix pour faire des achats et choisir un resto pour le lunch.

200Rs

En soirée : Formalités d'aéroport et de douanes

Après le dîner au resto de son choix, retourner à l'🏠 prendre une douche puis récupérer ses bagages avant de prendre le taxi réservé plus tôt. BON RETOUR À LA MAISON !

200Rs

COÛTS TOTAUX DES ACTIVITÉS DU JOUR 26   **1020Rs**

QUELQUES EXPÉRIENCES

... autobus d'écoliers à Delhi

... en se pesant à Delhi

CARNET DE VOYAGE DE L'AUTEUR

Déjà la fin du voyage !

Un être humain sur six habite l'Inde. Nous avons été confrontés à des coutumes qui étaient très différentes et à l'occasion, à l'opposé de nos valeurs. Nous avons tenté de garder l'esprit ouvert et nous avons essayé de comprendre. Nous sommes bien loin d'y être parvenus, mais de petits pas ont été franchis. L'Inde est un grand pays ; il reste à découvrir l'Inde du Sud qui, paraît-il, est très différente. On reviendra !

COUTUMES INDIENNES – L'anglais écrit

Les Indiens font de grands efforts pour se faire comprendre par le reste de la planète. Transposer le nom des sites de l'alphabet hindi à notre alphabet est sûrement un défi de taille. Les sites touristiques affichent des inscriptions dans un anglais parfois un peu approximatif ; les touristes devraient leur pardonner puisque leur hindi n'est pas parfait non plus...

VOTRE CARNET DE VOYAGE

Rishikesh

0 ━━━━━━ 400m

←N

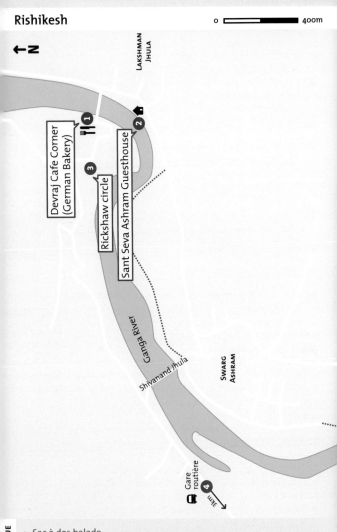

LAKSHMAN JHULA

1 🍴

2 🏠

Devraj Cafe Corner (German Bakery)

3

Rickshaw circle

Sant Seva Ashram Guesthouse

Ganga River

Shivanand Jhula

SWARG ASHRAM

Gare routière 🚌

4 ↗ 3km

⚐ LOGISTIQUE

▸ Sac à dos balade

PROGRAMME D'ACTIVITÉS POUR CEUX QUI NE VONT PAS À RISHIKESH   COÛT /
2 PERS.

En avant-midi : En bus pour Delhi

1 Après le petit déj. coutumier avec les délicieuses pâtisseries de la German Bakery,...   70Rs

2 fermer la chambre d'🏠.

3 Demander à la réception de trouver deux coulis (50Rs/coulis) pour transporter les bagages jusqu'au « rickshaw circle» à quelques centaines de mètres de là (plusieurs marches à monter).   100Rs

4 Négocier ferme un autorickshaw pour se rendre à la gare routière 🚌 pour Delhi ; billets en vente dans le 🚌. Prévoir des victuailles et de l'eau pour le voyage d'une durée de 7 heures. Arrêt de 30 minutes pour le lunch en milieu de parcours.   80Rs
300Rs
70Rs
120Rs

En après-midi : Arrivée à Delhi, maintenant familière

Arrivée au 🚌 Stand de Kashmere Gate à Delhi (voir carte JOUR-3), suivre les autres passagers jusqu'au parking de 🚶. Négocier ferme pour se rendre au Main Bazaar de Paharganj avec les bagages. Y louer un hôtel pour la soirée ; déposer les bagages puis prendre une douche. S'entendre avec l'hôtelier pour qu'il réserve (⚠ exiger un reçu) un taxi pour aller à l'aéroport; ⚠ prévoir partir au moins 3 heures avant le départ de l'avion.   80Rs
350Rs
230Rs

En soirée : Adieu à Delhi

Profiter du temps qu'il reste pour faire des emplettes sur Main Bazaar où l'on trouve de tout en provenance de toutes les régions de l'Inde. Prendre une dernière bière indienne et aller dîner dans le resto de son choix. Retourner à l'🏠 se reposer avant l'arrivée du taxi.   45Rs
200Rs

COÛTS TOTAUX DES ACTIVITÉS DU JOUR 26BIS   **1645Rs**

QUELQUES EXPÉRIENCES

... les toilettes de la gare New Delhi

... boutiques de Main Bazaar

CARNET DE VOYAGE DE L'AUTEUR

Et voilà, le voyage tire à sa fin...

De Rishikesh, si calme, on retourne à Delhi et son quartier Paharganj où, ma foi, on se sent en terrain connu. On prend l'avion en se disant qu'on a eu la chance de voir une partie du monde vraiment différente. On est loin d'avoir tout vu de ce presque continent habité par le sixième de l'humanité. On reviendra!

COUTUMES INDIENNES – Les « wine shops »

Malgré leur nom, les « wine shops » offrent peu de vin. On y trouve principalement des alcools forts (whisky, vodka, gin, etc.) et on peut y acheter de la bière fraîche. Ces boutiques sont souvent installées dans des fonds de ruelles qui donnent l'impression de se rendre dans un hôtel mal famé.

VOTRE CARNET DE VOYAGE

BON RETOUR À LA MAISON

GARDER CONTACT

NOM	ADRESSE	TÉLÉPHONE

NOTES PERSONNELLES

NO DE PASSEPORT ....

DATE D'EXPIRATION ....

NO DU VISA ....

DATE D'EXPIRATION ....

GROUPE SANGUIN...

ALLERGIES

....

....

....

....

....

NOM GÉNÉRIQUE DE MES MÉDICAMENTS

....

....

....

....

....

....

....

....

....

PERSONNE À CONTACTER EN CAS D'URGENCE

....

....

....

Des mêmes auteurs
Nicole Janvier, Guy Lassonde

FRANCE 11,99€
CANADA 14,95$

LE PRÊT-À-PARTIR AVEC...

les auteurs qui seront vos GUIDES
ACCOMPAGNATEURS tout au long de votre
voyage de 20 jours en Chine (possibilité de
8 jours de prolongation) avec...

● un programme d'activités pour chaque jour

元 un budget cible pour chaque activité

⬜ un traducteur visuel pour les noms de sites

⚠ la logistique assurant sécurité et confort

FRANCE 8,99€
CANADA 9,95$

ÉLIMINEZ LA BARRIÈRE DES LANGUES !

Des centaines de pictogrammes, illustrations et
photographies forment un **véritable système
linguistique visuel**. Développé en collaboration
avec l'École des arts visuels de l'Université Laval
de Québec, ce guide de communication universel
vous permettra de vous faire comprendre dans
tous les pays, dans toutes les langues et en
toutes circonstances.

Pour commander: **www.guidesulysse.com**

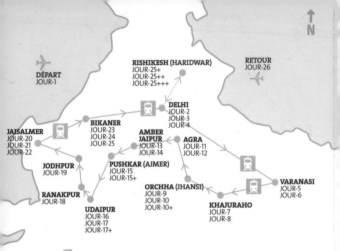

RISHIKESH (HARIDWAR)
JOUR-25+
JOUR-25++
JOUR-25+++

RETOUR
JOUR-26

DÉPART
JOUR-1

DELHI
JOUR-2
JOUR-3
JOUR-4

BIKANER
JOUR-23
JOUR-24
JOUR-25

AMBER
JAIPUR
JOUR-13
JOUR-14

AGRA
JOUR-11
JOUR-12

JAISALMER
JOUR-20
JOUR-21
JOUR-22

JODHPUR
JOUR-19

PUSHKAR (AJMER)
JOUR-15
JOUR-15+

VARANASI
JOUR-5
JOUR-6

RANAKPUR
JOUR-18

ORCHHA (JHANSI)
JOUR-9
JOUR-10
JOUR-10+

UDAIPUR
JOUR-16
JOUR-17
JOUR-17+

KHAJURAHO
JOUR-7
JOUR-8

↑ N

INDE

LE PRÊT-À-PARTIR AVEC...

l'auteur, Guy Lassonde, qui sera votre GUIDE ACCOMPAGNATEUR tout au long de votre voyage de 28 jours en Inde (possibilité de 6 jours de prolongation) avec...

● un programme d'activités pour chaque jour
Rs un budget cible pour chaque activité
▢ les mots-clés pour trouver votre chemin
▽ la logistique assurant sécurité et confort

et SURTOUT...

• de riches expériences de contact avec l'Inde et les Indie
• un carnet de voyage partagé au quotidien avec l'auteur
• au passage, l'observation de coutumes indiennes

VOTRE GUIDE ACCOMPAGNATEUR

ISBN 978-2-923635-0

FRANCE 11,99€
CANADA 14,95$

9 782923 635026